글쓰기의 공중부양

이외수가 처음으로 공개하는
★실전적 문장비법
# 글쓰기의 공중부양

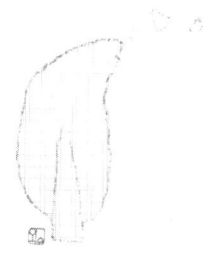

해냄

## 공중부양에 대한 일화

　내게는, 타고난 재능으로 고수에 이른 사람보다는 피나는 노력으로 고수에 이른 사람이 훨씬 더 위대해 보이고, 피나는 노력으로 고수에 이른 사람보다는 그 일에 미쳐 있는 사람이 훨씬 더 위대해 보인다. 그러나 그보다 훨씬 더 위대해 보이는 사람은 그 일을 시종일관 즐기고 있는 사람이다.

　그러니 즐겁게 시작하자.

　젊은 날 내 인생은 조악하기 그지없었다. 봄날의 햇살도 가혹해 보였고 여름날의 소나기도 가혹해 보였다. 가을날의 단풍도 가혹해 보였고 겨울날의 함박눈도 가혹해 보였다. 날마다 맹목의 지렁이처럼 배를 깔아붙이고 암울한 시간의 배면을 기어 다니는 인생이었다. 특별한 일이 없는 한 한평생 행려병자로 살다가 길바닥에서 동사해 버릴 거라고 생각했다. 공중부양 따위는 꿈도 꾸어본 적이 없었다. 나는 타고난 재능이 아무것도 없었다. 그러나 나는 글을 쓰기 위해 피나는 노력을 기울였고 글에 미쳐 있었고 글을 즐기면서 살았다.

몇 년 전에 남양주에 살고 있는 후배 소설가 하나가 평소 친하게 지낸다는 동네 꼬마 하나를 데리고 우리 집에 놀러 온 적이 있었다. 초등학교 이학년쯤으로 보이는 꼬마였다. 나는 꼬마에게 독자사랑방 격외선당(格外仙堂)에 걸려 있는 그림들을 구경시켜 주었는데 돌아갈 무렵 꼬마가 내게 그림을 하나 달라고 막무가내로 떼를 쓰기 시작했다. 심성이 착해서 남에게 부담을 주는 일을 죽기보다 싫어하는 후배 소설가는 그러면 안 된다고 곤혹스러운 목소리로 타일렀지만 꼬마는 전혀 개의치 않고 눈물까지 찔끔거리기 시작했다. 나는 후배 소설가의 난처함을 무마시키기 위해 먹으로 동자 하나를 그려서 꼬마에게 주었다.

그로부터 몇 달이 지났다. 후배 소설가가 다시 우리 집을 방문해서 꼬마에 대한 후일담을 들려주었다.

"누군가 다급하게 제 방문을 두드리는 소리가 들렸어요."
문을 여니 꼬마가 숨이 턱에 차서 더듬거리는 목소리로 소리치더라는 것이었다.
"테, 텔레비전을 틀어보세요. 저, 저한테 그림을 그려준 하, 할아버지가 지, 지금 텔레비전에 나와요."

꼬마의 얼굴은 놀라움과 환희에 충만해 있었다고 한다. 내가 어떤 텔레비전 교양프로에 잠깐 출연했던 사실을 언급하는 것 같았다. 그런데 꼬마의 다음 말이 가관이었다.

"그 할아버지 이제 떴어요."

초등학교 저학년 꼬마가 말하는 '떴어요'는 어떤 의미일까. 나는 그때 공중부양이라는 단어를 떠올렸다. 그날 나는 무척 기분이 좋았다.

그대가 비록 타고난 재능이 없더라도 공중부양이 불가능하다고는 생각지 말라. 그대가 만약 이 책을 충분히 숙지하고, 노력하거나 미치거나 즐길 수만 있다면, 그대에게도 '떴어요'라고 표현될 수 있는 공중부양의 날이 오고야 말 것이다.

# 글이란 무엇인가

　글이란 쌀이다. 썰로 오해하지 않기 바란다. 쌀은 주식에 해당한다. 그러나 글은 육신의 쌀이 아니라 정신의 쌀이다. 그것으로 떡을 빚어서 독자들을 배부르게 만들거나 술을 빚어서 독자들을 취하게 만드는 것은 그대의 자유다. 그러나 어떤 음식을 만들든지 부패시키지 말고 발효시키는 일에 유념하라. 부패는 썩는 것이고 발효는 익는 것이다. 어느 쪽을 선택하든지 그대의 인품이 그대로 드러난다는 사실을 명심하라.

차례

공중부양에 대한 일화 4
글이란 무엇인가 7

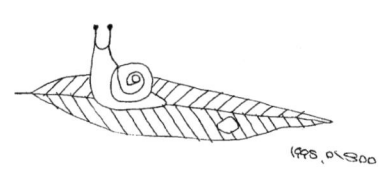

## 1부 단어의 장(場)

단어채집 13
속성찾기 23
본성찾기 52
창조의 출발 73

## 2부 문장의 장(場)

문장의 기본형식 91
글쓰기의 필수요건 98
경계해야 할 병폐들 103
띄어쓰기와 맞춤법에 대하여 113
문학적 문장 만들기 121
왜 쓰는가 136
문장의 적용 154
글쓰기의 실제 159
세련된 문장 만들기 168
수사법 171
자료의 활용 194

## 3부 창작의 장(場)

문학은 예술이다 203

의식의 날개를 달자 215

소설에 대해서 221

소설의 기본요소 226

자기만의 목소리를 가져라 273

점검 279

## 4부 명상의 장(場)

사색의 출발 285

이외수의 문장백신 297

마지막으로 던지는 질문 하나 300

체험의 글 | 나는 당신이다_ 기노(奇櫓) 302

# 1부
# 단어의 장(場)

단어채집
속성찾기
본성찾기
창조의 출발

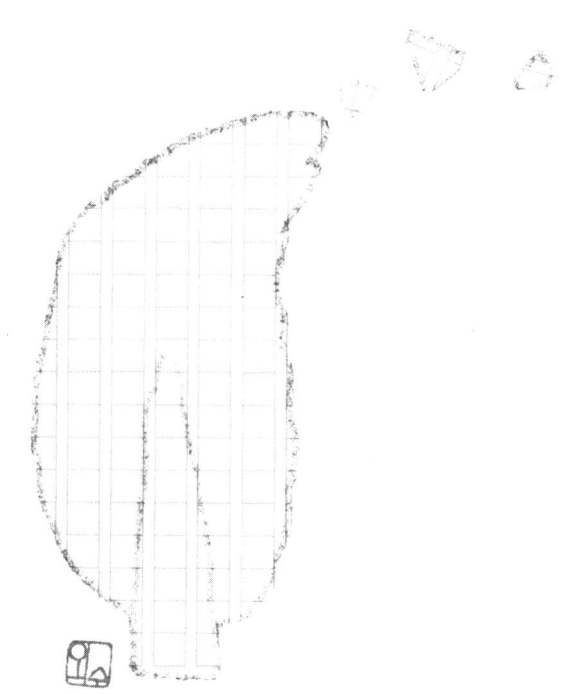

"글의 기본재료는 단어다.
어떤 분야에서든지 성공하고 싶다면
기본을 무시하지 말아야 한다."

# 단어채집

글의 기본재료는 단어다.

어떤 분야에서든지 성공하고 싶다면 기본을 무시하지 말아야 한다. 서당개 삼 년이면 풍월을 읊고 성당개 삼 년이면 복음을 전파한다. 그러나 기본을 익히지 못하면 서당개도 성당개도 평생 개꼴을 면치 못한다.

머릿속에 수많은 단어가 들어 있다 하더라도 막상 글을 쓰려고 하면 적절한 단어가 떠오르지 않는다. 평소 단어를 다루는 일을 소홀히 했기 때문이다. 좋은 글을 쓰고자 한다면 우선 단어를 채집하는 일을 생활화해야 한다.

# 단어에는 생어(生語)와
사어(死語)가 있다

여기서는 생어를 중점적으로 다룰 예정이다.

생어는 오감(五感)을 각성시킨다. 오감은 시각, 청각, 후각, 촉각, 미각을 말한다. 그대가 아직 글쓰기에 발군의 기량을 습득하지 못했다면 될 수 있는 대로 생어를 많이 사용하도록 하라. 생어는 글에 신선감과 생명력을 불어넣는 장점을 가지고 있다.

달빛, 물비늘, 주름살, 흉터는 시각적인 단어고 천둥, 재채기, 자명종, 피리는 청각적인 단어고 누룩, 비린내, 박하, 나프탈렌은 후각적인 단어다. 모래, 양탄자, 톱날, 솜털은 촉각적인 단어고 꿀물, 고추장, 솜사탕, 소금은 미각적인 단어다. 다시 말하자면 생어는, 눈을 자극하고 귀를 자극하고 코를 자극하고 피부를 자극하고 혀를 자극하는 단어다. 물론 대부분의 단어들이 두 가지 이상의 감각기관을 자극한다. 그러나 여기서는 대표적인 감각을 우선으로 삼는다. 대표적인 감각은 대표적인 속성이며 대표적인 속성은 대표적인 상징이다.

돌이라는 단어를 생각해 보자.
돌의 대표적인 감각은 촉각이다.
그리고 단단함을 대표적인 속성으로 간직하고 있다.
그러니까 돌은 단단함을 상징하는 단어에 해당한다.

그렇다면 사어라는 것은 어떤 것인가. 절망, 눈에 보이는가. 허무, 귀에 들리는가. 총명, 냄새가 맡아지는가. 지혜, 질감이 느껴지는가. 포부, 맛이 느껴지는가. 물론 아니다. 이렇듯 한자어로 구성된 추상어들, 눈, 코, 입, 귀, 피부로 느낄 수 없는 단어들은 사어에 해당한다. 이 사어들은 작가의 역량에 따라 생어로 변모되기도 한다. 하지만 그것은 기본을 충분히 습득한 다음의 이야기다.

그놈은 흉기(凶器)로 자주 자해(自害)를 하는 습관이 있다,

라는 문장보다는,

그놈은 뻑하면 회칼로 자기 배를 그어대는 습관이 있다,

라는 문장이 훨씬 선명한 전달력을 가지는 이유가 무엇일까.

흉기와 자해라는 사어 대신에 회칼이나 배를 그어댄다는 생어를
사용했기 때문이다.

　대부분의 한자어들은 사어다. 특히 문학적 문장에서는 한자어들
을 잘못 남발하면 문장으로서의 전달력 설득력 현장감 생동감이 떨
어질 가능성이 짙다.
　그렇다고 생어만으로 이상적인 문장을 만들어낼 수 있다는 뜻이
아니다. 이상적인 문장은 생어와 사어가 적재적소에 쓰여졌을 때
만들어지는 것이다.

## | 가장 손쉬운 단어채집법

　그러면 지금부터 단어채집 노트를 만드는 방법을 설명하겠다.
　당연히 노트가 필요하겠지. 하지만 노트를 살 돈이 없다고 내게
투덜거리지 말라. 그건 나로서도 어쩔 수가 없는 노릇이다. 그대가
진실로 글쓰기의 공중부양에 돌입하고 싶다면 손바닥을 노트로 삼
든 땅바닥을 노트로 삼든 담벼락을 노트로 삼든 얼음판을 노트로
삼든 내 알 바가 아니다. 그 정도는 그대가 스스로 해결할 수 있어야
한다.

　그대의 생각이나 마음을 글로 전달하고 싶은데 적절한 단어가 떠
오르지 않는다. 안타까움으로 벽에 머리를 짓찧어보지만 머리만 아

플 뿐 부족한 어휘력이 보충되지는 않는다. 이런 경험이 반복되면 대부분 글쓰기를 포기해 버린다. 하지만 포기하지 말라, 비결이 있다.

먼저 자기 몸에서 적절한 단어를 찾아보자. 반드시, 라고는 말할 수 없지만 가급적이면 생어에 더 많은 관심을 기울여주기 바란다. 자, 그럼 머리에서부터 한번 시작해 보자.

머리. 대가리. 대갈통. 대갈빡. 골. 뇌. 대뇌. 소뇌. 작은골. 큰골. 전두엽. 후두엽. 대뇌피질. 꿈. 정수리. 백회. 가마. 가르마. 머리카락. 모발. 모근. 비듬. 머릿기름. 머릿니. 서캐. 기계충. 도장버짐. 대머리. 생머리. 고수머리. 귀밑머리. 쑥대머리. 떠꺼머리. 까까머리. 더벅머리. 단발머리. 레게머리. 디스코머리. 스포츠머리. 백발. 잔머리. 돌대가리. 닭대가리. 상투. 관자놀이. 뒤통수. 뒤꼭지. 꼭뒤(어느 부위인지 모르는 사람은 국어사전을 찾아보시라. 국어사전을 자주 찾아보는 사람은 일단 공중부양에 싹수가 있는 사람이다). 이마. 마빡. 박치기. 헤드뱅. 도리도리. 꿀밤. 땜통. 혹.

**머리에 속한 관계어** ― 모자. 왕관. 가체. 가발. 어여머리. 고깔모자. 중절모. 벙거지. 밀짚모자. 야구모. 갓. 투구. 털모자. 베레모. 망건. 두건. 터번. 수영모. 헬멧. 머리띠. 머리핀. 족두리. 댕기. 비녀. 참빗. 꼬리빗. 얼레빗. 브러시. 샴푸. 린스. 트리트먼트. 무스. 헤어젤. 헤어왁스. 미용실. 이발소. 바리깡. 미용사. 이발사. 미용가위. 커트. 퍼머. 염색. 스크래치.

염색약. 헤어드라이기. 창포. 고데. 고데기. 헤어롤. 포머드 유. 헤드폰.

얼굴. 낯짝. 주름살. 미간. 기미. 주근깨. 볼때기. 볼. 점. 피지. 모공. 솜털. 세수. 마사지. 보조개. 미소. 웃음. 광대뼈. 턱. 사각턱. 주걱턱. 뾰족턱. 턱수염. 콧수염. 구레나룻. 검버섯. 종기. 여드름. 사마귀. 물사마귀. 뾰루지. 부스럼. 버짐. 각질. 마른버짐. 따귀. 귀싸대기. 아구창.
**얼굴에 속한 관계어** — 세숫비누. 미백크림. 선크림. 스킨. 로션. 에센스. 분. 크림. 볼터치. 면도. 면도날. 마스크팩. 가면. 수건.

눈. 색깔. 빛. 어둠. 눈썹. 눈곱. 다래끼. 동공. 검은자위. 흰자위. 시신경. 눈꺼풀. 눈두덩. 쌍꺼풀. 외꺼풀. 속눈썹. 눈꼬리. 눈웃음. 눈살. 눈치. 눈썰미. 눈매. 눈탱이. 눈알. 도끼눈. 새우눈. 왕눈이. 청맹과니. 애꾸. 백태. 백내장. 녹내장. 색맹. 눈병. 충혈. 사팔뜨기. 장님. 다크서클.
**눈에 속한 관계어** — 안경. 선글라스. 오페라 글라스. 돋보기. 눈가리개. 물안경. 아이크림. 아이샤도우. 마스카라. 아이라이너. 안과. 안약. 소프트렌즈. 하드렌즈. 서클렌즈. 식염수.

귀. 소리. 귀때기. 귓불. 귓발. 귓구멍. 달팽이관. 청신경. 귓밥. 귀밑샘. 귀밑털. 귀머거리. 귓결. 귓속말. 귀엣말. 귓가. 귓등. 귀띔. 귓전. 귀뿌리. 고막. 귀지. 주상와(모르겠으면 또 국어사전을 찾아보시라). 이명. 환청. 귀동냥. 귓병. 중이염. 귀앓이. 귀몽우리. 귓방망이.

**귀에 속한 관계어** — 귀고리. 귀걸이. 귀지. 귀마개. 이어폰. 보청기. 귀이개. 면봉. 성냥개비. 이침. 확성기. 소라껍질. 사이렌. 수화.

코. 냄새. 코쭝배기. 콧구멍. 코허리. 콧잔등. 들창코. 돼지코. 개코. 주먹코. 납작코. 개발코. 매부리코. 화살코. 복코. 딸기코. 콧털. 코딱지. 코골이. 축농증. 코맹맹이. 코찡찡이. 코머거리. 코흘리개. 코끝. 콧날. 콧대. 코빼기. 코피. 쌍코피. 코뼈. 콧김. 코평수. 콧방아. 콧방울. 콧방귀. 코감기. 코웃음. 숨. 숨소리. 코주부.

**코에 속한 관계어** — 실리콘. 코팩. 코걸이. 코마개. 향수. 새끼손가락(코 후빌 때 요긴하게 쓰인다).

입. 맛. 입술. 윗입술. 아랫입술. 입김. 하품. 한숨. 토래질(아기들이 이거하면 비 온다는 속설이 있다). 옹알이. 말. 소리. 비명. 신음. 기합. 노래. 언청이. 혀. 혓바닥. 혓바늘. 입천장. 입꼬리. 입매. 인중. 이. 윗니. 아랫니. 앞니. 사랑니. 어금니. 송곳니. 썩은니. 충치. 풍치. 이빨. 금니. 틀니. 뻐드렁니. 덧니. 잇몸. 침. 침샘. 가래. 기침. 헛기침. 구역질. 입냄새. 각혈. 입맞춤. 입덧. 입방아. 목구멍. 목젖. 이똥. 프라그.

**입에 속한 관계어** — 마스크. 립스틱. 립글로스. 빨대. 호루라기.

파이프. 껌. 담배. 가그린. 칫솔. 치약. 치실. 치과. 보철. 스켈링. 이쑤시개. 숟가락. 젓가락. 포크. 관악기. 마우스피스. 마이크. 가수.

대충 생각나는 대로 열거해 보아도 이 정도다. 아직 모가지까지 내려오지도 않았다. 몸뚱어리 전체에서 찾아낸다면 얼마나 많을까를 한번 생각해 보라. 만약 관계어의 관계어까지 열거하면 엄청난 분량이 될 것이다. 어휘력이 부족하다고 한탄하지 말라. 그대는 지금까지 한 번도 본격적인 단어채집을 시도해 본 경험이 없다. 그대가 만약 이런 방식으로 단어를 채집해서 노트에 정리해 두는 습관을 가진다면 공중부양의 지름길로 들어선 것이나 다름이 없다.

특히 내 몸에 있는 것들은 대부분 남의 몸에도 있다. 그러므로 쉽게 공감대를 형성하는 장점을 가지고 있다. 그러나 내 몸에서 머물러 있어서는 안 된다. 내 방도 둘러보고 내 집도 둘러보아야 한다. 나아가서는 온 동네를 둘러보고 온 나라를 둘러보아야 한다. 바다도 둘러보고 하늘도 둘러보고 사막도 둘러보고 벌판도 둘러보아야 한다. 모름지기 문장을 자유자재로 다스리고 싶다면 지극히 미세한 부분에서 지극히 거대한 부분까지를 샅샅이 훑어보고 단어를 채집하는 일에 열중하라. 쓰는 자의 고통이 읽는 자의 행복이 될 때까지.

## | 생어채집 노트—대표감각

단어의 오감에 따른 성질을 보다 자세히 설명하겠다.

먼저 우리가 시각으로 포착할 수 있는 물체나 물질들의 이름을 한 번 생각해 보자. 우리가 시각으로 포착할 수 있는 물체나 물질들의 이름은 대부분이 생어에 해당한다. 그러나 시각으로 포착할 수 있다고 그 물체나 물질의 대표감각이 시각에 해당하지는 않는다.

촉각적으로 부드러운 느낌을 전달하는 물체나 물질이 있는가 하면 청각적으로 시끄러운 느낌을 전달하는 물체나 물질도 있다. 미각적으로 달콤한 느낌을 주는 물체나 물질이 있는가 하면 후각적으로 향기로운 느낌을 전달하는 물체나 물질도 있다.

그대가 직접 단어채집을 해보면 알겠지만 한 단어는 복합적인 감각을 가지는 경우가 많다. 그러나 여기서는 대표감각을 원칙으로 삼는다.

코딱지

어느 감각에 해당하는 단어일까. 코라는 단어가 붙어 있다고 후각으로 착각하지 말라.

시각이다. 그러나 먹었을 때의 맛을 선명하게 기억하는 사람은 미각에 해당하는 단어라고 말할 수도 있겠다.

가래침

어느 감각에 해당하는 단어일까. 시각. 청각. 촉각.

헛갈리는가. 대표감각을 위주로 가장 보편적인 접근이 필요하다. 대표감각은 시각이다.

**사포**
어느 감각에 해당하는 단어일까. 시각과 촉각이 떠오를 것이다. 대표감각은 촉각이다.

**저녁놀**
시각이다.

**징**
청각이다.

이번에는 후각을 대표하는 단어들을 찾아보자.
방귀. 향수. 스컹크. 암내. 물비린내를 떠올리면 합격이다.

아무리 훌륭한 요리사라 하더라도 재료가 부족하면 좋은 요리를 만들어낼 방도가 없다. 만약 그대가 오감에 해당하는 단어들을 감각별로 하루에 최소한 열 개씩만 찾아서 노트에 정리해 두어도 일 년이 지나면 그대의 감성이 오뉴월 쑥대풀처럼 무성하게 자라오름을 의식할 것이다. 그러나 아직 진수성찬을 차리기에는 이르다.

# 속성찾기

속성은 사전적으로 어떤 사물의 특징이나 주요 성질을 말한다.
한 단어는 여러 가지 속성을 가지고 있다. 효과적으로 글을 쓰려면 겉으로 판단되는 속성은 물론이고 보다 내면적인 속성을 찾아내는 일을 게을리하면 안 된다. 그것은 사물에 대한 사유의 힘을 키우는 가장 기본적인 자세이다.

음식을 만드는 요리사가 재료의 특징이나 주요 성질을 무시해 버리고 음식을 만들면 어떤 결과를 초래할까. 가령, 누룩으로 수제비를 만들었거나 메주로 국수를 만들었다고 치자. 어떤 음식이 될까. 열흘 굶은 개들조차도 거들떠보지 않는 음식이라면 과연 음식이라고 할 수 있을까.
지금부터 단어의 속성찾기를 실습해 보자.

발톱의 속성

반드시 발가락에 붙어 있다. 때가 낀다. 각질로 이루어져 있다. 오래 씻지 않으면 악취를 풍긴다. 정상적일 때는 도합 열 개다. 단백질로 구성되어 있다. 건강을 체크하기도 한다. 사람마다 모양이 다르다. 양말을 뚫는다. 주사바늘이 들어가지 않는다. 손톱만큼 매끄럽지 못하다. 물을 주지 않아도 자란다. 깎으면 초생달 모양이 된다. 맹수의 경우에는 사나운 무기다.

모래의 속성

모여 있다. 마르면 서로 붙지 않는다. 물 묻은 발에는 잘 붙는다. 어린이들은 모래로 성을 쌓는다. 그러나 물결이 스치면 금방 무너진다. 바위보다 나이가 많다. 쉽게 뜨거워지고 쉽게 식는다. 강변이나 해변에 많다. 건축자재로 쓰인다. 꺼끌거린다. 걸으면 발자국이 생긴다. 멀리서 보면 황금색으로 보이기도 한다. 씹으면 저걱저걱한다. 작다. 시멘트와 물에 혼합하면 단단해진다. 흩어져 있으면 시각적으로 거친 느낌을 주고 모여 있으면 시각적으로 부드러운 느낌을 준다. 사막의 원소에 해당한다. 태산의 시작이다.

바람의 속성

보이지 않는다. 움직인다. 소리를 동반한다. 씨앗을 퍼뜨린다. 땅을 식힌다. 자유롭다. 물을 증발시킨다. 때로는 눈과 비를 동반한다. 거처가 없다. 머무르지 않는다. 울기도 한다.

### 불의 속성

뜨겁다. 어둠을 밝힌다. 대개 붉은색이다. 사물을 태운다. 따뜻하다. 모든 것을 잃게 만들기도 한다. 데이면 상처를 입거나 목숨을 잃는다. 아름답다. 또는 무섭다. 음식을 익힌다. 물에 약하다. 욕망으로 대변되기도 한다. 불은 재를 만든다.

불의 속성을 염두에 두고 의인화를 시켜서 표현해 보자.

성난 불은 잔인하다. 격정적인 불이 나를 덮친다. 불이 물 한 대야를 얻어맞고 정신을 잃는다. 불은 재를 낳고 죽는다. 불은 바람의 친구이다. 불이 혀를 날름거리면서 나무를 집어삼킨다. 불이 너울너울 춤을 춘다. 숯덩어리가 눈을 부라리고 있다. 불이 집 한 채를 순식간에 집어삼켰다. 불은 잡식성이다. 불은 포만감을 모른다. 불이 가스를 마시고 행패를 부린다. 불이 갑자기 쏟아진 소나기에 질식해 버렸다.

재료의 성질을 잘 파악하지 못하는 요리사는 절대로 훌륭한 요리를 만들어낼 수 없다. 단어는 문장의 기본재료이다. 훌륭한 글을 쓰려면 무엇보다도 문장의 기본재료인 단어의 성질을 잘 파악하고 친밀감을 느낄 수 있어야 한다. 쉽게 친밀감을 느끼려면 사물을 의인화시키는 습관부터 가져라.

그러나 친밀감만으로는 부족하다. 세상에 존재하는 모든 사물을 아름답게 보고 그 사물에게 애정을 부여하는 마음가짐이 필요하다.

#  속성 알아맞히기

어떤 사물의 속성을 열거해 보겠다. 어떤 사물의 속성일까. 6개 중에서 3개만 알아맞힐 수 있어도 그대의 언어감각은 훌륭한 편이다. 하지만 한 개도 알아맞힐 수 없다고 하더라도 실망할 필요는 없다. 그대의 언어감각을 되살릴 수 있는 방법들이 다양하게 준비되어 있으니까.

―하늘에 있다. 날마다 크기가 조금씩 달라진다. 밤에 더 잘 보인다. 비수를 연상시킨다.

―한국의 토속음식이다. 쌀로 만든다. 주식은 아니다. 다양한 모양과 빛깔을 가지고 있다. 탄생하기 전에 심하게 맞는다.

―곡식이다. 작다. 동화의 주인공 이름에도 붙어 있다. 단일한 색깔이다. 겨울에 중요하게 사용하는 날이 있다. 귀신이 싫어한다는 속설이 있다. 떡에 쓰일 때는 겉에 붙어 있고 빵에 쓰일 때는 속에 들어 있다.

―비가 내리면 올 때도 있다. 한 쌍으로 이루어져 있다. 많은 노동을 한다. 동물에게 있다. 노동을 할 때는 남자들이 주로 많이 사용한다. 비교적 끝이 둥근 모양을 하고 있다. 단단하다. 가끔 무덤을 파면 나오기도 한다. 연체 동물에게는 없다. 살이 감싸고 있다. 중국 사람들은 이 부위에 새를 올려놓고 거리를 거닐 때도 있다. 목 가까이에 위치해 있다.

―반투명체다. 얇다. 구기면 나지막이 빗소리를 발한다. 얇고 가볍다. 붓글씨를 쓸 때 사용한다.

―사람에게만 있는 하얀 길이다. 아무도 다니지 않는다. 주변에 숲이 무성하다. 이따금 다른 장소로 이동하기도 한다. 없는 사람도 있다.

답은 다음 페이지에 있다.

─초생달. ─떡. ─팥. ─어깨뼈. ─미농지. ─가르마.

사물과 친근하지 않으면 단어와도 친근할 수 없으며 단어와 친근할 수 없으면 사물과의 소통도 불가능하다. 글은 인간과 인간, 인간과 사물, 인간과 신을 소통시키는 도구다.

매일 생어를 열 단어 이상 채집해서 감각별로 노트에 정리해 보자. 채집한 단어에 대해서 잠시만이라도 사유해 보는 습관을 기르자. 아래 저자가 사유해 본 단어들을 열거하겠다. 그대도 한번 시도해 보라.

### 머리

인간이 직립했을 경우 하늘과 가장 가까운 장소에 위치해 있는 부위다. 대체로 둥근 모양을 이루고 있다. 내부기능을 이기적으로 사용하면 주인을 하늘과 멀어지는 인격체로 만들기도 한다. 일반적으로는 내부기능이 잘 돌아가야만 우량품으로 평가를 받는다. 그러나 물리학적으로는 쇠망치로 두들겨보아야 우수성을 파악할 수 있다. 파손되면 무조건 불량품이고 건재하면 무조건 우량품이다. 남자들은 군대시절 가끔 고참들의 명령에 의해 시멘트 바닥에 심어지기도 한다. 쇼펜하우어라는 철학자는 여자들의 머리가 십팔 세를 계기로 내부기능이 중지된다는 단언을 서슴지 않았다. 만약 쇼펜하우어가 아직까지 생존해 있다면 페미니스트들에게 암살대상 1호로 지목되기에 조금도 손색이 없는 발언이다. 머리에는 외부에도 수많은 단어들이 소속되어 있지만 내부에도 수많은 단어들이 소속되어 있다. 기분이 나쁜 상태에서는 대갈통이나 대갈빡이라는 단어로 대체되기도 한다.

**머리카락**

머리에 자생하는 털이다. 인체 중에서는 가장 식물적인 분위기를 간직하고 있다. 잘릴 때는 통증을 느끼지 못하지만 뽑힐 때는 통증을 느낀다. 문명인들은 대부분 머리카락을 감지 않으면 비위생적이라는 망상을 가지고 있다. 그러나 예전에 어떤 은자는 머리카락을 무성하게 길러서 새가 날아와 둥지를 틀었다는 일화도 전해진다. 새가 날아와 머리에 둥지를 틀다니 얼마나 환상적인가. 그러나 문명인의 머리카락은 이제 자연과 조우하지 않는다. 인위적으로 머리카락의 속성을 고정시켜 버렸기 때문이다. 전문적인 장비와 전문적인 인력이 갖추어진 시설에서 거액의 돈을 지불하고서라도 정기적으로 머리카락이 간직하고 있는 자연스러움을 제거시켜야만 직성이 풀린다. 머리카락을 못살게 굴수록 자신이 미적 요소가 고양된 인격체로 보일 거라는 속물근성을 좀처럼 버리지 못한다. 그러므로 새가 머리카락으로 집을 지어 자신과 동고동락을 같이 하는 인생이 얼마나 환상적인가를 깨닫지 못한다. 여자들끼리 싸울 때는 쌍방간의 약점이 되어 다량으로 뽑히는 경우도 있다. 때로는 한순간의 결의를 표명하기 위해 뿌리만 남겨두고 밑동까지 일목요연하게 밀어치우기도 한다. 그러나 대개 인간의 결심은 자주 흔들리거나 자주 허물어진다. 세속을 떠날 때가 가까워지면 대부분의 머리카락이 아름다운 은빛 광채를 발하게 된다. 인생이 발효되었다는 증거다.

### 머릿니

인간의 머리카락에 기생하는 곤충이다. 산호숲에 물고기가 사는 일이 당연하다면 머리카락에 머릿니가 사는 일도 당연하다. 그러나 인간은 자신의 신체 일부에 곤충을 기르고 있다는 사실을 결코 낭만적으로 받아들이지 않는다. 그토록 많은 양의 혈액을 보유하고 있으면서도 머릿니에게는 인색하다. 적선에는 일체 관심이 없고 박멸에만 지대한 관심을 기울인다. 분명히 생명과 자연에 대한 편애다. 사랑 애(愛) 자가 들어가는 낱말은 모두 아름답다. 그러나 편애라는 낱말만은 어떤 경우에건 아름답지 않다.

### 가마

대개 인간의 두부 상단에 위치해 있다. 은하계에서 태어난 인간들은 한결같이 소용돌이 모양을 복제하고 있다. 인간과 우주가 하나라는 사실을 암시해 주는 부분이다. 학자들의 연구결과에 의하면 한 개를 가진 사람이 구십일 퍼센트 정도를 차지하고 두 개를 가진 사람이 칠 퍼센트 정도를 차지하며 세 개 이상을 가진 사람이 나머지를 차지한다. 우측으로 치우친 사람이 오십 퍼센트를 차지하고 좌측으로 치우친 사람이 삼십 퍼센트를 차지하며 중간에 위치한 사람이 이십 퍼센트를 차지한다. 소용돌이 방향은 우선회가 좌선회보다 십 퍼센트 정도 많은 것으로 알려져 있다. 하지만 인간은 가마를 전혀 의식하지 않고 살아가거나 우주를 전혀 의식하지 않고 살아가는 경우가 대부분이다.

### 대머리

　머리카락이 부분적으로나 전체적으로 서식처 일부를 태양에게 양보한 상태. 또는 그런 상태를 유지하고 있는 인격체. 나이가 최소한 서너 살은 더 들어보이게 만드는 착시현상을 불러일으킨다. 이따금 대머리들은 열등감에 사로잡혀 가짜 머리카락으로 자신의 두부를 업그레이드하지만 안타깝게도 자신의 열등감을 업그레이드할 수는 없다. 특히 외면을 중시하는 인격체일수록 열등감의 농도는 짙어지고 내면을 중시하는 인격체일수록 열등감의 농도는 옅어진다. 그러나 성인의 경지에 이른 자는 타인의 소유건 자신의 소유건 머리카락의 증감이나 유무 따위에는 일체 신경을 쓰지 않는다.

### 기계충

　백선균이 인체의 머리 부위를 자신들의 서식지로 삼아 활동을 개시했을 때 나타나는 질병이다. 오늘날은 거의 사라져가고 있는 양상을 보이고 있다. 백선균은 대개 문명이 낙후된 지역을 주무대로 영계를 선호하는 습성을 나타내며 주로 사춘기 이전의 연령층을 공략의 대상으로 선택한다. 감염되면 머리카락이 쉽게 빠져버리거나 부러져버리는 현상을 초래한다. 가려움증을 유발시켜 전염성을 도모하는 특성을 가지고 있다. 긁다가 상처가 생기면 염증을 일으켜 진물이나 고름이 흐르게 되고 파리가 집요하게 달라붙는 현상도 나타난다. 오래 방치해 두면 부분적인 탈모현상을 유발시키는 수도 있다. 환자나 가축에서 직접적으로 전염되기도 하고 모자나 이발기구를 통해서 간접적으로 전염되기도 한다. 백선균을 멸종시키는 방법은 아직까지 학계에 보고되지 않았다. 전문의에게 맡기면 완치가 가능하다. 그러나 의사들을 극단적으로 혐오한다면 유아기 때부터 머리카락을 뿌리까지 완전히 뽑아버리거나 위생처리가 완벽한 상자 속에 격리시키는 예방책을 선택하라.

### 생머리

생(生)은 살아 있다는 의미로 쓰여지는 글자다. 명사 앞에 붙어서 접두사로 쓰일 때는 가공하지 않았다는 의미로 쓰여진다. 현장상황 그대로를 편집하지 않은 채로 방송하면 생방송, 짐승의 껍질에 인위적인 작용을 가하지 않은 상태를 생가죽, 건강상태가 멀쩡한 사람이 야단법석을 떨면 생지랄이라고 표현한다. 마찬가지로 생머리는 파마를 하거나 염색을 하거나 고데를 하지 않은 상태의 머리칼이다. 선천적인 곱슬머리도 마찬가지다. 가공을 하지 않았으면 생머리에 해당한다. 모든 자연에는 신성(神性)이 깃들여 있다. 그러나 적지 않은 인간들이 신성을 무시해 버리고 가공에 집착하는 습성을 가지고 있다. 가공은 신성을 소멸시킨다. 사랑도 예외는 아니다. 여자들은 대부분 생머리를 간직하고 있는 나이에 첫사랑을 경험하게 된다. 첫사랑에도 지고지순한 신성이 깃들여 있다. 그러나 대부분의 여자들은 생머리를 잃어버리는 나이에 첫사랑도 잃어버린다. 첫사랑을 잃어버리는 나이가 가공을 배우는 나이다. 그러나 그대가 만약 지고지순한 사랑을 오래도록 간직하고 싶다면 가공을 경계하

라. 가공된 아름다움으로는 결코 지고지순한 사랑을 오래도록 간직할 수 없음을 명심하라.

## 비듬

국어사전에는 머리의 살가죽에서 생기는 하얀 비늘이라고 풀이되어 있다. 대체로 사전적 풀이는 무미건조하기 짝이 없다. 그러나 비듬은 예외적이다. 사전적 풀이치고는 다소 시적(詩的)이라는 느낌까지 불러일으킨다. 백과사전에는 피발두부(被髮頭部)의 피부 표면에서 자연히 떨어져나오는 각질(角質)에 지방이나 먼지가 묻어서 생긴 때의 일종이라고 풀이되어 있다. 비늘이라는 어감이 시적이라면 때라는 어감은 산문적이다. 일설에는 비듬이 피티리스포룸발레라는 세균에 의해 발생한다는 주장도 있다. 의학적으로는 비듬을 건성지루(乾性脂漏)라고 표현한다. 그대로 방치해 두면 머리카락이 적어지고 비강성 탈모증(粃糠性脫毛症)이라는 상태로 발전한다는 학설도 있다. 하지만 겁먹을 필요는 없다. 아직까지 비듬 때문에 불구자가 되거나 황천객이 되었다는 사례는 학계에 보고되지 않았다. 비듬은 스트레스가 증가하거나 흥분상태가 고조될 때 더 많이 발생하는 특성을 보인다. 따라서 비듬에 지나치게 신경을 쓰면 오히려 비듬이 더 많이 발생할 우려가 있다. 비듬이 많이 발생하면 가려움증을 유발시킨다. 그러나 비듬을 백과사전적으로 받아들이지 말고 국어사전적으로 받아들이려고 노력하라. 그대가 만약 인생을 남보다 아름답게 살아가고 싶다면 비듬을 두피의 때로 바라보는 시각의 소유자가 되지 말고 비듬을 상념의 비늘로 바라보는 시각의 소유자가 되려고 노력하라. 그대는 머지않아 성현의 대열에 오를지도 모른다.

### 백발현상

정상적인 한국의 젊은이들은 대부분 검은색 머리카락을 가지고 있다. 그러나 오늘날은 한국의 젊은이라도 머리카락만 보고는 국적을 구분하기가 용이치 않다. 머리카락을 염색하는 젊은이들이 많아졌기 때문이다. 기성세대들은 공연히 눈살을 찌푸리지만 머리에 염색을 하는 것은 결코 범죄행위가 아니다. 인간은 누구나 아름답고자 하는 욕망을 가지고 있다. 머리카락에 고추장이나 구정물을 바르는 것도 아니요 돼지똥이나 쌀뜨물을 바르는 것도 아닌데 혐오감을 느낄 필요는 없다. 특히 한국 민족은 다른 민족에 비해 색채를 표현하는 단어들이 다양하게 발달해 있다. 외국어로는 노르스름하다, 불그죽죽하다, 푸르딩딩하다 따위를 한 단어로 표현해 낼 방법이 없다. 그러나 젊은이들이 자신의 머리카락을 백발로 염색하는 심리만은 쉽사리 납득이 가지 않는다. 염색이 젊은이들의 전유물이라면 백발은 노인들의 전유물이다. 아무래도 염색한 백발은 서양 사람들의 선천성 백발처럼 멋있어 보이지는 않는다. 어쩐지 조로증에 걸린 젊은이처럼 보인다. 때로 한약방에서 첩약을 해주면서 무를 먹지 말라고 당부하는 경우가 있다. 첩약 속에 지황이라는 약재가 들어 있다는 뜻이다. 지황과 무를 같이 복용하면 백발현상을 일으키는 경우가 있다. 역시 조로증에 걸린 듯한 인상을 풍기게 되는 것이다. 아무리 건강한 젊은이라도 노인이 되면 저절로 백발이 된다. 남달리 유행에 민감한 젊은이라도 최소한 한 가지 색깔만은 자연에게 맡겨두는 여유를 가져야 되지 않을까.

쑥대머리

쑥대머리도 헤어스타일의 일종이다. 머리카락을 전혀 가공하지 않은 상태라야만 쑥대머리로 인정받을 수 있다. 쑥이라는 단어와 대머리라는 단어의 합성으로 이루어진 복합명사가 아니라 쑥대라는 단어와 머리라는 단어의 합성으로 이루어진 복합명사다. 따라서 대머리와는 아무 상관이 없다. 머리카락이 쑥대풀처럼 어지럽게 흐트러져 있는 모양, 또는 머리카락이 쑥대풀처럼 어지럽게 흐트러져 있는 사람을 가리킬 때 쓰인다. 거렁뱅이, 예술인, 정신질환자, 부랑아, 행려병자들이 자주 애용하는 헤어스타일이다. 외모에 별다른 신경을 쓰지 않고 자유분방하게 살아가는 사람들도 자주 애용하는 성향을 가지고 있다. 자연과 가장 친화된 헤어스타일이다. 머릿니가 서식하기에 가장 적합한 환경이다. 손질을 하지 않은 상태로 오랜 시일이 경과하면 머리카락들이 서로 엉겨붙어 분리가 불가능해지는 불상사를 초래한다. 그때 해결책으로 머리카락에 불을 싸지르는 사람이 있다면 정신질환자로 간주해도 무방하다.

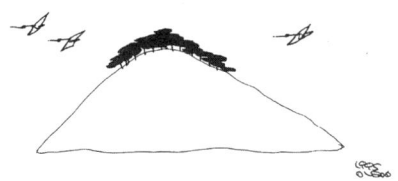

1부 단어의 장(場) 35

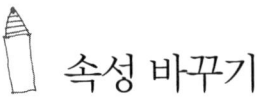 속성 바꾸기

오감에 따른 기본속성을 알아보자. 오감에는 시각, 청각, 미각, 후각, 촉각, 이렇게 다섯 가지가 있다고 했다. 오감에 따른 그 기본적인 속성을 보면 다음과 같다.

시각은 어떤 사물의 크기, 색깔, 모양을 나타낸다. 청각은 어떤 소리의 강도, 속도, 질감을 나타낸다. 미각은 어떤 사물의 단맛, 쓴맛, 매운맛, 신맛, 짠맛, 떫은맛을 나타낸다. 후각은 냄새이다. 또 그 냄새의 자극성도 나타낸다. 촉각은 감촉이다. 또한 그 감촉의 자극성도 나타낸다.

이 오감에 따른 기본속성을 가지고 그 단어가 본디 가지고 있는 기본속성을 바꾸는 연습을 해보자.

## │ 사물의 크기를 바꾸어보자 : 시각

### 작은 것을 크게

좁쌀 ─ 한 점의 좁쌀 가루 옆에 놓여 있는 좁쌀. 물에 불린 좁쌀. 현미경으로 확대한 좁쌀. 세균의 눈으로 보는 좁쌀.

먼지 ─ 물에 불린다. 퇴근하고 돌아오는 아버지의 어깨 위에 묻어 있는 먼지. 먼지에 이스트를 넣고 굽는다. 뻥튀기 기계에 넣고 튀긴다. 코를 간지럽히는 먼지. 결벽증 환자의 눈에 포착된 먼지. 바이러스가 타고다니는 먼지. 먼지보다 더 큰 먼지. 갓난아기의 눈썹에 내려앉은 먼지. 부처님한테 하사받은 먼지.

### 큰 것을 작게

우주 ─ 인간이 알고 있는 우주. 소인배가 바라보는 우주. 소인배가 졸보기로 들여다본 우주.

바다 ─ 조그만 지도책 속에 그려져 있는 바다. 영화촬영을 위해 만든 미니어처 바다. 물이 말라버린 바다. 장난감 지구본에 그려져 있는 바다.

| 소리의 강도를 바꾸어보자 : 청각

### 큰 소리를 작은 소리로

예배시간의 방귀소리 — 발악적으로 찬송가를 부를 때, 신도들이 예배에 집중하지 않을 때. 모든 신도들이 청각장애인일 때.

천둥 — 귀를 막는다. 방음장치를 한다. 녹음을 해서 볼륨을 낮춘다. 사랑에 몰두했을 때, 헤비메탈 음악에 섞여 들리는 천둥소리. 방음장치가 된 실내에서 듣는 천둥소리. 영양실조 걸린 천둥소리.

### 작은 소리를 큰 소리로

모기소리 — 마이크 앞에서 날아다니는 모기소리. 불면증 환자가 잠들기 직전에 귓전을 날아다니는 모기소리. 모기약을 흡입하고 죽기 직전에 발광하는 모기소리. 늪지대에서 일제히 날아오르는 모기떼의 아우성.

속삭임 — 딱정벌레의 청각기관을 관통하는 고릴라의 속삭임. 성난 사람의 속삭임. 다혈질인 남자가 전철이 지나갈 때 청력이 약한 애인에게 전달하는 속삭임.

## | 맛을 바꾸어보자 : 미각

### 단맛을 쓰게

설탕 — 태운 설탕. 미량을 쓸개에 섞었을 때. 당뇨병 환자가 보는 설탕. 어릴 때 다른 아이가 저 혼자 먹는 설탕. 바퀴벌레가 먹다 게운 설탕.

엿 — 엿 먹으라고 욕할 때의 엿. 엿치기에서 졌을 때 이긴 놈한테 사정해서 얻어먹는 엿. 아껴 먹으려고 감추어두었는데 형이 훔쳐 먹어버린 엿. 틀니를 뽑아낸 엿.

### 쓴맛을 달게

쓸개 — 보약이라면 환장하는 사람이 먹는 쓸개. 애인이 먹여주는 쓸개. 먹을 것이라고는 그것밖에 없을 때의 쓸개.

씀바귀 — 엿으로 만든 씀바귀. 불치병을 치료해 주는 씀바귀. 열심히 일한 뒤에 보리밥에 쌈 싸 먹는 씀바귀.

## | 냄새를 바꾸어보자 : 후각

### 좋은 냄새를 나쁜 냄새로

향수냄새 — 밀폐된 공간에서 진동하는 싸구려 향수냄새. 천박한 놈이 전신에 뿌리고 다니는 향수냄새. 샘플 양주인 줄 알고 마셨는데 종일토록 목구멍으로 치밀어 오르는 향수냄새.

풀냄새 — 폐수처리장 부근의 풀냄새. 한여름 뙤약볕 아래 완전군장으로 행군하면서 맡던 풀냄새. 씹었을 때의 풀냄새. 입덧이 심한 여자가 잡초덤불 속에서 오줌 누다가 맡는 풀냄새.

### 나쁜 냄새를 좋은 냄새로

똥냄새 — 갓난아기의 똥냄새. 오랜 여행에서 돌아와 고향의 밭둑에서 맡는 똥냄새. 광신도가 느끼는 교주의 똥냄새.

발고린내 — 국토순례를 마치고 돌아온 아들의 발고린내. 마라톤 금메달리스트의 발고린내. 병적으로 자기애가 강한 인간이 맡아 보는 자신의 발고린내.

| 질감을 바꾸어보자 : 촉각

### 부드러운 감촉을 거친 감촉으로

목화솜 — 본드에 적셔서 말린다. 왕모래를 섞는다. 성질 더러운 시어머니가 손질하라고 맡긴 목화솜. 뭉쳐져 굳어버린 목화솜.

입술 — 사막에서 탈진한 여행자의 입술. 털난 입술. 부르튼 입술. 무엇을 해도 꼴보기 싫은 놈의 입술.

### 거친 감촉을 부드러운 감촉으로

톱밥 — 정성들여 곱게 분쇄한 톱밥. 한겨울 톱밥난로 속에서 타고 있는 톱밥. 신혼의 베개 속에 들어 있는 톱밥. 자갈밭 위에 두껍게 깔아놓은 톱밥.

악어의 등껍질 — 갓 태어난 새끼 악어의 등껍질. 명품 핸드백으로 둔갑한 악어의 등껍질. 다듬이 방망이로 수없이 내려친 악어의 등껍질. 다듬이 방망이로 수없이 내려친 다음 조각을 내서 푹 고운 악어의 등껍질.

속성에 근거한 대화

자신이 그 사물이 되어서 다른 사물과 대화를 나누어본다.

| 연필과 볼펜의 대화 : 칭찬하기

연필이 볼펜에게.
너는 한평생 칼질 당할 일이 없으니 마음 하나는 편하겠다.
죽을 때까지 같은 굵기로 발자국을 남길 수 있다니, 대단해.
땅바닥에 아무리 세차게 내동댕이쳐도 심이 부러지지 않는 내공.

볼펜이 연필에게.
저놈은 깎을 때마다 향기가 난단 말야.

실수를 했더라도 지울 수가 있으니 무슨 걱정이냐.

아무리 나이가 들어도 침을 흘리지 않는 비결이 뭐지.

## | 설탕과 소금의 대화 : 비아냥거리기

소금이 설탕에게.

바다도 모르는 놈.

애들 이빨이나 썩게 만드는 놈.

비만과 당뇨의 앞잡이.

설탕이 소금에게.

우쒸, 너 개미 모아본 적 있어?

위의 대화는 내가 문학연수를 할 때 학생들에게 역할을 부여하고 대화를 유도해서 얻어낸 것들이다. 설탕과 소금의 경우, 우쒸 너 개미 모아본 적 있어, 라는 반격 한 마디에 소금은 그만 입을 다물어 버리고 말았다.

어떤 사물이라고 하더라도 다 일장일단을 가지고 있다. 우리가 어떤 사물의 단점을 부각시키려면 그것이 지닌 장점부터 파악해 놓아야 한다. 그런 장점을 가지고 있는데도 결정적인 단점이 있음을 지적해야만 반론의 여지가 없다. 단점이나 장점을 잡다하게 열거하는 것보다는 특성을 제시해서 한마디로 촌철살인하는 능력을 기르자.

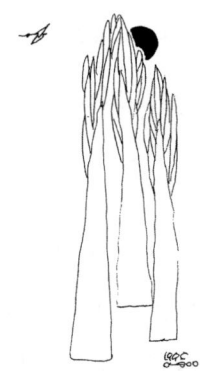

## 시간성과 공간성 부여하기

그대가 어떤 단어를 하나 선택했다고 가정하자. 어쩐지 그 단어만으로는 부족한 느낌이 든다. 이럴 때 시간성과 공간성을 부여해 보자.

대저 지구상에 존재하는 사물 중에서 특정한 시간과 공간에만 붙박여 있는 사물이 하나라도 있는가. 없다. 그런데도 그대의 의식이 현실에만 붙박여 있다면 그대의 글쓰기 또한 절대로 자유로울 수가 없다.

여기 개라는 단어가 있다. 시간성과 공간성을 부여하고 맛이 어떻게 달라지는가 음미해 보자.

| 시간성

　오전. 새벽. 꼭두새벽. 새벽녘. 동틀 무렵. 아침. 아침나절. 점심. 정오. 낮. 대낮. 한낮. 오후. 퇴근 무렵. 저물녘. 해거름. 해질녘. 저녁. 밤. 밤중. 한밤중. 자정. 초하루. 그믐. 보름. 대보름. 봄. 봄날. 봄철. 입춘. 춘삼월. 농번기. 모내기철. 여름. 여름날. 여름철. 여름방학. 삼복. 입추. 가을. 가을날. 추석. 추수기. 입동. 겨울. 겨울날. 동지. 동지섣달. 크리스마스. 겨울방학. 설날. 유아기. 유년기. 청소년기. 장년기. 노년기. 현대. 왜정시대. 개화기. 구한말. 조선시대. 삼국시대. 상고시대. 고생대. 중생대. 쥐라기. 신생대. 태초 — **모든 시간에 개를 대입시켜 보자.**

　동틀 무렵의 개는 어떤 느낌을 주는가. 퇴근 무렵의 개는 어떤 느낌을 주는가. 동지섣달의 개는 어떤 느낌을 주는가. 그대와 가장 닮은 개는 어떤 개인가.


| 공간성

　집. 마을. 안방. 주방. 목욕탕. 거실. 다락. 옥상. 베란다. 마루. 사랑방. 원두막. 정자. 과수원. 논둑길. 밀밭. 보리밭. 꽃밭. 수목원. 쥐구멍. 둥지. 도시. 운동장. 광장. 대합실. 터미널. 휴게실. 상담실. 병원. 식당. 국회의사당. 절. 교회. 성당. 백화점. 마천루. 미

술관. 동물원. 청와대. 경복궁. 에펠탑. 만리장성. 버킹검궁. 금문교. 노트르담. 백악관. 나라. 고속도로. 땅. 하늘. 허공. 지구. 태양계. 은하계. 우주. 사막. 고비사막. 늪. 초원. 들판. 호수. 강. 연못. 섬. 고원. 정글. 태백산. 바다. 남태평양. 아프리카. 북극. 남극. 설원. 계곡. 심해. 빙판 — 모든 공간에 개를 대입시켜 사유해 보자.

국회의사당의 개는 누구를 상징할까. 고속도로에 방치된 개는 어떤 기분일까. 고비사막의 개는 얼마나 목이 마를까. 가장 행복한 개는 어디에 있는 개일까. 가장 불행한 개는 어디에 있는 개일까. 그대에게 가장 친근감을 주는 개를 찾아보라.

# 감정이입

 인간은 감정의 동물이다. 그러나 인간의 감정은 복잡미묘해서 그것을 글로 묘사하기가 쉽지 않다. 그래서 다른 사물에 감정을 이입해서 표현하기도 한다. 세상에 존재하는 모든 사물을 그대라고 생각하고 적절한 시간성이나 공간성을 부여해서 그대의 감정을 간접적으로 표현해 보라.

**우울**
흐린 날 서랍 속의 달팽이

**고독**
선잠결 객지에서 듣는 기적소리

환희
봄날 햇살 속에서 어지럽게 펄럭거리는 만국기

참담
저물 녘 낯선 도시에서 만나는 막다른 골목

평온
정오의 담벼락 밑에서 졸고 있는 고양이

분노
불타고 있는 광장의 깃발

비애
일주일이 지나도록 한 번도 울리지 않는 휴대폰


**단어 하나의 선택이 떠나간 그대 사랑을 되돌릴 수도 있다**

글은 타인의 생각을 바꾸기도 하고 마음을 바꾸기도 하고 영혼을 바꾸기도 한다. 만약 그대가 사랑에 성공하고 싶다면 일단 그대의 진실이 무엇인가를 먼저 진단하라. 그리고 그대의 진실을 대변해 줄 단어부터 채집하라.

### 가장 중요한 것은 진실이다

진실은 타인의 생각을 바꾸기도 하고 마음을 움직이기도 한다. 능력에 따라서는 영혼까지 송두리째 사로잡을 수 있다.

### 그대의 진실과 부합되는 단어부터 채집하라

그대는 떠나간 사랑을 기다리고 있다. 그대의 의식을 사로잡고 있는 정서는 그리움이다. 그러나 그리움이라는 단어는 너무 많은 사람들이 남용을 해서 진부한 사어로 전락해 버린 지 오래다. 그리움이라는 단어를 사용하지 않고 그대의 진실을 효과적으로 전달할 수는 없을까.

### 지금 그대 주변에 방치되어 있는 단어들을 무작위로 적어보라

초겨울. 창문. 바람소리. 골목. 외등. 새벽. 눈시울이라는 단어를 채집했다고 가정하자. 조금만 노력을 기울이면 이것만으로도 충분히 그대의 진실을 전달할 수 있다.

창문을 흔들고 지나가는
초겨울 바람소리

행여 그대가 아닐까

바깥을 내다보았습니다

골목 저 멀리 외등 하나

눈시울이 젖은 채로

새벽을 지키고 있었습니다

위의 짤막한 글에 어려운 문장이나 단어가 있는가. 눈에 뜨이는 몇 개의 생어만을 채집해도 이렇듯 효과적으로 그대의 입장과 마음을 전달할 수 있다. 여기서는 골목 저 멀리 눈시울이 젖은 채로 새벽을 지키고 있는 것이 그대 자신이다.

물론 단어채집만이 능사는 아니다. 그러나 단어들을 자주 접하다 보면 절로 단어들이 가지고 있는 특질을 파악하게 되고 그것들을 다루는 방법도 터득하게 된다.

# 본성찾기

나쁜 놈은 좋은 글을 쓰지 못한다.

어떤 놈이 나쁜 놈일까.

나는 딱 한 가지 부류밖에 없다고 생각한다. 바로 나뿐인 부류다. 그러니까 나뿐인 놈이 바로 나쁜 놈이다. 개인적으로는 나뿐인 놈이 음운학적인 변천과정을 거쳐 나쁜 놈이 되었다는 생각이다. 남들이야 죽든말든 자기만 잘되면 그만이라고 생각하는 부류들은 무조건 나쁜 놈에 속한다.

도대체 우주 어느 공간에서 어떤 존재가 나뿐일 수 있단 말인가. 눈에 보이지 않을 정도로 작은 먼지 한 점일지라도 만우주와 연결되어 있으며 저마다 존재할 이유와 가치를 지니고 있다. 그런데도 세상에는 나뿐인 듯이 살아가는 놈들이 있으니 그들이 어찌 좋은 글을 쓸 수 있기를 기대하랴.

글은 쓰는 자의 인격을 그대로 반영한다. 사물의 속성을 파악하는 일은 사물과의 소통을 시도하는 일이며 사물과의 소통을 시도하는 일은 사물과의 사랑을 시도하는 일이다. 얼마나 거룩한 일인가. 나뿐인 놈들에게는 절대로 기대할 수 없는 일이다.

##  장대 끝에서 한 걸음 더 나아가라

이제 그대는 속성을 파악하는 방법을 알았다. 그러나 거기 머물러 있어서는 안 된다. 겉(속성)을 파악하는 형이하학적 단계를 초월해서 속(본성)을 파악하는 형이상학적 단계로 진입해야 한다.

진리는 현상에 있지 않고 본성에 있다. 그러나 본성을 보려면 특별한 눈이 필요하다. 현상을 보려면 육안과 뇌안만으로 충분하지만 본성을 보려면 심안과 영안이 필요하다.

나는 여러 작품을 통해 사안론(四眼論)을 강조했다. 수필을 통해서도 강조하고 소설을 통해서도 강조하고 우화를 통해서도 강조했다. 그러니까 어떤 독자들은 내가 밑천이 떨어졌기 때문에 같은 소리를 반복하는 것이라고 비아냥거렸지만 나는 그것이 얼마나 중요한가를 잘 알고 있기 때문에 강조에 강조를 거듭하고 있는 것이다. 사안론은 아름다움을 보는 네 가지의 눈을 말한다.

육안(肉眼)은 얼굴에 붙어 있는 눈이고
뇌안(腦眼)은 두뇌에 들어 있는 눈이며
심안(心眼)은 마음속에 간직되어 있는 눈이고
영안(靈眼)은 영혼 속에 간직되어 있는 눈이다.

사과에 비유해서 설명해 보겠다.

육안만을 가진 자는 그것이 둥글다는 사실과 빨간색이거나 초록색이라는 사실과 주먹만 한 크기라는 사실을 알고 있을 뿐이다.

뇌안을 가진 자는 그것이 사과나무에 열린다는 사실과 비타민C를 많이 함유하고 있다는 사실과 뉴턴으로 하여금 만유인력을 발견케 만들었다는 사실을 안다.

하지만 여기까지는 겨우 안다는 사실에 머물러 있는 단계다. 보다 중요한 것은 느낀다는 사실과 깨닫는다는 사실이다.

심안을 가진 자는 그것에게서 아름다움을 느낀다. 그래서 한 알의 사과 속에서 시를 끄집어내거나 음악을 끄집어내거나 그림을 끄집어낸다. 그리고 그것에게서 발견한 아름다움을 누군가와 나누고 싶어한다.

영안을 가진 자는 한 알의 사과 속에 만우주의 본성이 들어 있음을 깨닫는다. 만우주의 본성이 사과에게도 있고, 내게도 있고, 신에게도 있음을 깨닫는다. 신의 본질과 우주의 본질과 사과의 본질과 나의 본질이 똑같다는 사실을 깨닫는 것이다. 그래서 영안을 가진 자는 온 세상에 하찮은 것이 아무것도 없으며 만물이 진실로 가치 있고 아름답다는 사실을 절감하게 된다. 비로소 진실한 사랑을 간직하게 되는 것이다.

인간은 어떤 경우에도 아름답지 않은 것에게 사랑을 느끼는 법이 없다.

그러나 어떤 눈으로 판단하느냐가 중요하다. 육안과 뇌안으로 볼 때는 추악했던 것이 심안과 영안으로 보면 아름다울 때가 있다. 아니다. 사실 그대로 말해 버리자. 심안과 영안으로 볼 때 추악한 것은 아무것도 존재하지 않는다.

모든 사랑은 아름다움으로부터 출발한다. 육안이나 뇌안으로 판단하는 아름다움은 현상에 근거하며 시간에 따라 변질되거나 퇴락한다. 그러나 심안이나 영안으로 느끼는 아름다움은 본성에 근거하며 아무리 시간이 경과해도 변질되거나 퇴락하지 않는다.

수많은 선각자들이 만공부의 근본은 마음에 있고, 생각이 끊어진 자리에 도가 있다고 설파했다. 그러나 생각과 마음은 어떤 차이가 있는가.

#  흥부의 마음, 놀부의 생각

　흥부전에서 보면 흥부가 제비다리를 고쳐주는 대목이 나온다. 흥부는 다리가 부러진 제비에게서 측은지심을 느낀다. 그래서 제비의 다리를 고쳐준다. 다리가 부러진 제비를 보고 불쌍한 감정을 일으키는 것. 제비와 나를 동일시하는 정서. 그것이 마음이다.

　놀부는 어떤가. 흥부가 제비의 다리를 고쳐주고 부자가 되었으니 자기도 제비의 다리만 고쳐주면 부자가 될 수 있다고 판단한다. 그래서 성한 제비의 다리를 부러뜨린 다음 고쳐주고는 부자가 되기를 기대한다. 다른 것과 나를 분리해서 판단하는 정서. 그것이 생각이다.

### 깃발이 흔들리는가 바람이 흔들리는가

깃발이 흔들리는 것이다.
아니다. 바람이 흔들리는 것이다.
스님들이 깃발이 흔들리느냐 바람이 흔들리느냐는 명제를 두고 말다툼을 벌이고 있었다. 그때 지나가던 선승 혜능이 말했다.
깃발이 흔들리는 것도 아니요 바람이 흔들리는 것도 아니다. 바로 그대들 마음이 흔들리는 것이다.

혜능의 말을 이해하는 데는 아래 일화가 도움이 될 것이다.
인도에서 있었던 일이다. 어느 날 한 성자가 다리에서 강물을 내려다보고 있는데, 벌거벗은 노예가 배를 젓고 있었다. 주인은 노예가 더 빨리 노를 젓게 만들기 위해 노예의 등에 심하게 채찍질을 해대고 있었다. 그 광경을 지켜보던 성자의 등에도 선명한 채찍자국이 나타나고 있었다. 그 성자는 자신과 노예를 동일시하는 심안과 영안으로 그 장면을 바라보고 있었던 것이다.
도(道)는 대상과 나를 동일시하고 거기에서 아름다움과 사랑을 느끼는 것이다. 글쓰기도 그와 다르지 않다.

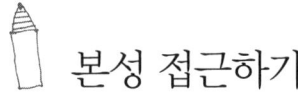 본성 접근하기

속성 – 현상 – 육안. 뇌안
사물의 속성은 일차적으로 육안으로 보고, 뇌안으로 정리한다. 그리고 이 단계는 아직까지 현상에 머물러 있는 단계다.

본성 – 본질 – 심안. 영안
속성에 머무르지 않고 한 단계 더 나아가 마음의 눈인, 심안과 영안으로 사물의 본질을 깨닫는 단계다.

문(門)
저는 언제나 열려 있기를 소망합니다.
저는 문이 되고 싶지 않았습니다. 그저 나무인 채로 살고 싶었습니다.

오래도록 열린 채로 멀어져가는 너를 바라볼게.

나도 이런 꼬락서니가 되고 싶지는 않았어. 하필이면 감옥문이라니.

이(虱)

세상에서 손톱이 제일 무서워요.

당신이 무리한 섹스 끝에 흘리는 코피 정도면 제 평생의 양식이 되는데 너무 인색하게 굴지 마세요.

발바닥

나도 화장하고 싶어.

니 몸 전체가 결혼하는데 왜 나만 맞아야 돼?

밥

너를 살리기 위해서 내가 죽는다.

버리지 마라, 농사꾼이 울지도 모른다.

말로는 밥이 보약이라고 말하면서 죽어라 술만 처마시는 이유가 무엇이냐.

나를 먹을 자격이 없는 인간들도 있어.


지금까지 단어를 습관적으로 대하고 한낱 의사를 전달하는 기호로만 생각했던 사람들에게는 단어의 속성이나 본성을 파악하는 일이 난감하거나 번거로울지도 모른다. 하지만 한 마리 누에를 생각해 보라. 하늘을 날기 위해서는 날개를 가져야 하고 날개를 가지기 위해서는 고치를 뚫어야 한다. 아직 알에서 깨어나지도 않은 상태에서 하늘을 날지 못한다고 투정을 부리는 사람들도 있을 것이다. 그런 사람들은 제발 분수를 지켜달라고 당부하고 싶다.

### 딱 보면 알아야 한다

내가 객골 분교 소사로 근무할 때의 체험담 하나를 들려주겠다.

나는 교육대학을 중퇴한 경력의 소유자다. 만약 제대로 졸업을 했더라면 이 선생으로 불리어졌을 것이다. 그러나 나는 중퇴를 하는 바람에 시골 초등학교 분교의 고용인으로 취직을 해서 이 씨라는 호칭으로 불리어지고 있었다.

아이들은 학교에 나오지 않았다. 전교생 17명. 월평균 출석률 3일. 주민들 전부가 화전으로 생계를 꾸려가고 있었다. 그들은 서로를 믿지 않았다. 나중에야 알아낸 사실이지만, 그들의 뿌리깊은 불신은 이른바 배운 놈 때문에 생겨난 것이었다. 그들에게 있어서 배운 놈은 적이었고, 배운 놈은 절대로 믿을 놈이 아니었다. 그들은 배운 놈한테 속아서 패가망신을 했고 결국 첩첩산중에 들어와 화전민으로 살고 있다는 생각을 골수 깊이 간직하고 있었다.

그들은 거의가 대인기피증이나 피해망상증에 사로잡혀 있었다. 자기들끼리도 믿지 못해서 오 리 건너 한 채씩 집을 짓고 살아갈 정도였다.

이십여 가구 중에서 자기 이름을 쓸 줄 아는 학부형이 딱 세 명밖에 없었다. 그들은 아이들을 학교에 보내지 않았다. 나는 인생에서 무지가 얼마나 무서운 적인가를 알고 있었기 때문에 아이들의 장래를 생각해서 오 리 건너 한 채씩 분산되어 있는 집들을 돌아다니며 가정교사를 할 수밖에 없었다.

그러나 학부형들은 그것조차 싫어했다. 국어는 읽기만 하면 된다. 그것도 편지 정도만 읽으면 된다. 답장은 쓰지 않아도 된다. 산수는 거스름돈만 제대로 받으면 된다. 제발 나타나지 마라. 화전민으로 사는 주제에 공부는 무슨 놈의 공부냐. 공부를 할 시간이 있으면 화전밭 한 고랑을 더 파게 만들겠다.

그러나 나는 아이들을 포기할 수 없었다. 학부형들의 눈총을 받으면서도 아이들과 어울리기를 좋아했다.

개구리를 잡는 일에 놀라운 재능을 보여주는 아이가 있었다. 그곳 아이들은 가을까지 마른버짐이 핀 얼굴로 살아가다가 신기하게도 겨울만 되면 얼굴에 화색이 감돌았다. 겨울철이 되면 개구리로 영양보충을 하기 때문이라는 것이었다.

녀석은 4학년이었다. 이따금 매미채와 지렛대와 양동이를 들고 학교에 나타났다. 개구리를 잡으러 가자는 것이었다. 개울로 가면 녀석은 개구리가 들어 있는 돌을 선택한다. 그리고 매미채를 갖다 댈 장소도 선택한다. 녀석이 지렛대로 돌을 움직이면 개구리가 튀어 나와 매미채 속으로 들어간다. 백발백중이다. 한 번도 허탕을 친 적이 없다.

나는 궁금했다. 개구리가 들어 있는 돌과 개구리가 튀어나오는 방향을 정확하게 간파하는 비법이 무엇일까. 나는 녀석에게 물어보았다. 녀석의 대답은 간단명료했다.

딱 보면 알아요.

나는 그것이 사물과의 일체감에서 얻어진 능력이라는 사실을 믿어 의심치 않았다. 딱 보면 아는 경지를 말이나 글로 전달할 수는 없다. 심안에 비치는 것들은 심안으로만 전달된다.

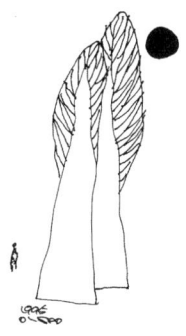

# 발상의 전환

**발상의 전환 없이 글쓰기의 발전을 기대하지 말라**

 의문은 발상을 전환시키는 도화선이다. 끊임없이 의문을 던져라. 참새는 왜 걷지 못할까. 양심 측정기가 발명되면 어떤 사람들이 가장 강력하게 사용을 반대할까. 물에 비친 달은 물일까 달일까. 돌고래는 정말로 외계에서 온 지성체일까.
 끊임없이 의문을 던지면서 해답을 탐구하라. 남들이 보는 시각과 똑같은 시각으로 사물을 바라보는 습관을 버려라. 그래야만 남들이 미처 발견하지 못했던 것들을 발견하고 남들이 미처 깨닫지 못했던 것들을 깨달을 수 있다.

### 생명과 직결되어 있는 것들은 모두 공짜다

물. 공기. 햇빛. 지천에 널려 있다. 무한정이다. 인간은 돈이 들지 않는다는 이유로 의식조차 못하고 살 때가 많지만 이것들이 없어지면 지구 상에 존재하는 대부분의 생명체들은 멸종해 버린다. 가장 가치 있는 것들이 공짜라니, 어쩐지 미안하지 않은가.


### 없으면 생존에 불편을 초래하는 것들은 돈을 조금만 지불하면 된다

부식이나 주식 또는 살림도구들은 그다지 비싼 가격이 아니다. 그러나 그것들이 없으면 생존이 불편해진다. 그것들을 구입하려면 약간의 돈을 지불해야 한다. 고맙게도 정부는 그것들의 가격이 터무니없이 폭등하는 것을 정책적으로 방비해 준다. 하지만 약간의 돈만 지불하면 생존의 불편을 해소할 수 있는 세상에서도 쪽박을 차고 다니는 사람들이 있다. 왜 그래야 할까.


### 없어도 생명에 아무 지장이 없는 것들은 엄청나게 비싸다

명품. 보석. 골동품. 이것들은 없어도 생존이 불편해지거나 생명에 지장을 초래하지 않는다. 인류사 이래로 보석이 없어서 떼죽음을 당하거나 명품이 없어서 질식사를 당한 사례는 아직 학계에 보고되지 않았다. 부자들의 전유물이다. 물질적으로는 풍요롭지만 정신적으로는 빈곤한 사람들이 선호한다. 아주 잠깐만 사용하고 아주 오랫동안 보관해 두는 특징을 가지고 있다. 때로는 사람보다 가치 있는 것으로 평가되기도 한다. 자존심이 상하지 않는가.

### 발상의 전환이 깨달음을 가져온다

깨달음을 얻은 사람들은 공통적으로 아주 하찮은 것들에 눈물겨워한다. 깨달음을 얻고 나면 대개 시가 터져 나온다고 한다. 그런 시를 일컬어 오도송(悟道頌)이라고 한다. 문학은 이렇게 위대하다. 대부분의 오도송은 자연을 이야기한다. 달빛을 얘기하거나 강을 얘기하거나 산을 얘기한다. 지천으로 공짜인 것들에 대해서 아주 크게 감동한다. 그대들도 발상의 전환을 통해 진실로 소중한 것들이 어떤 것인가를 깨달아가야 한다.

### 다이아몬드가 비싼 이유

다이아몬드는 보석 중에서 가장 값비싼 보석이다.
보석은 세 가지 조건을 갖추고 있어야 한다. 첫째 희소성이 높아서 구하기가 힘들어야 한다. 둘째 경도가 높아서 물리적 화학적 변화에도 내구성을 그대로 유지할 수 있어야 한다. 셋째 빛깔이나 형태가 아름다워서 보는 이를 즐겁게 만들어주어야 한다. 물론 다이아몬드는 세 가지 조건을 모두 갖추고 있다. 특히 경도면에서는 다른 보석의 추종을 불허한다. 지구 상에서 가장 경도가 높은 광물이다. 하지만 그래서 비싸다고 하기에는 어딘지 석연치 않은 구석이 있다. 탄소가 주성분이기 때문에 강한 불 속에 던지면 연소되어 버리는 단점도 가지고 있다.

인도의 어느 보석상에 기막힌 세공술을 가진 세공사가 있었다. 그는 보석상 주인의 외동딸을 사랑했다. 그래서 어느 날 보석상 주인에게 따님을 사랑한다고 고백한 다음 결혼을 허락해 줄 것을 간청했다. 그러나 보석상 주인은 외동딸을 너무나 사랑해서 시집을 보내지 않을 작정이었다. 한평생 곁에 두고 바라볼 생각이었다. 사실대로 말하면 세공술이 기막힌 세공사를 잃을지도 모른다고 판단한 보석상 주인은 그에게 조건 하나를 제시했다.

"자네가 다이아몬드를 세공하는 방법을 알아내면 내 딸과의 결혼을 허락하겠네."

"언제까지 알아내면 되겠습니까."

"언제라도."

"그때까지 따님을 다른 데로 시집 보내지 않겠다고 약속해 주신다면 기필코 다이아몬드를 세공하는 방법을 알아내고야 말겠습니다."

"기대하겠네."

그날부터 세공사는 분골쇄신 다이아몬드를 세공하는 방법에만 몰두했다. 그러나 다이아몬드는 지구 상에서 가장 경도가 높은 광물이었다. 어떤 광물로도 탁마되지 않았다. 세공사는 무려 40년이라는 세월 동안 오로지 다이아몬드를 세공하는 방법에만 몰두했다. 그리고 마침내 알아내고야 말았다. 다이아몬드는 다이아몬드로 탁마하면 된다는 사실을.

그 다음 이야기는 생략하겠다. 궁금해서 못 견디겠다면 그대가 직접 그 다음 이야기를 만들어보라. 나는 다만 다이아몬드가 비싼 이유를 말해주고 싶었을 뿐이다.
우리는 대개 육안과 뇌안의 범주에서 사물의 가치를 판단하는 관습을 가지고 있다. 그러나 글을 쓰는 사람이라면 심안과 영안의 범주에서 사물의 가치를 판단하는 습관을 길러야 한다. 그대가 만약 심안과 영안으로 사물을 바라볼 수만 있다면 천하만물들이 모두 보석이라는 사실을 깨닫게 될 것이다.

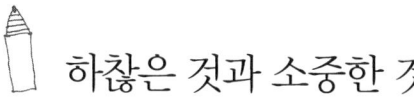 ## 하찮은 것과 소중한 것

그대의 단어채집 노트에서 사람들이 대체로 하찮게 생각하는 것들을 한번 골라내 보자. 어떤 것들이 있을까. 그것들은 정말로 하찮은 것들일까. 그대가 앞에서 언급한 내용들을 제대로 숙지했다면 서슴없이 아니라고 대답할 것이다. 흔히 접하는 사물들 몇 가지만 고찰해 보자.

눈곱

각질화되어 떨어져 나온 눈의 표피세포, 눈물, 눈 가장자리의 분비선에서 나온 지방분 등이 만나서 생긴다. 또 피부에 붙어 있는 때가 죽은 표피세포, 지방, 먼지 등인 것처럼 눈곱 역시 때의 일종이다. 평상시에 우리의 눈 속으로 미세한 먼지나 이물질이 들어온다. 그래서 이것이 눈의 안쪽 가장자리로 몰리게 되고 그것이 쌓이면 눈곱이 되는 것이다.

그런데 눈곱이 발생하지 않는다고 생각해 보라. 외부로부터 투입된 때나 먼지들이 눈 속에 그대로 축적되면 쉽게 안질환에 걸릴 것이며 열 살이 되기도 전에 실명해 버리고 말 것이다. 그대가 아직도 건강한 눈을 간직하고 있다면 눈곱에게 경배하라.

코딱지

외부의 먼지나 이물질이 콧속으로 들어가면 그것들이 몸속으로 깊이 침투하는 것을 방비하기 위해 점액질이 분비되고 그것들은 점액질에 싸여 콧속에서 굳어진다. 그래서 만들어지는 것이 코딱지다. 코딱지가 만들어지지 않으면 우리는 외부로부터 들어오는 먼지나 이물질, 또는 거기에 붙어 있는 세균들에 의해 잦은 호흡기 질환을 앓게 되고 심하면 생명의 위협까지 받게 된다. 코딱지에게도 경배하라.

바퀴벌레

어떤 대상에 대해 특별한 지식이 없으면 관계서적을 찾아보거나 전문가에게 물어보거나 아니면 인터넷 검색이라도 해보는 습관을 기르자.

곤충학자들은 바퀴벌레를 두고 살아 있는 고생대의 표본이라고 일컫는다. 일부 학자들은 빙하기에 의해서 공룡이 멸종했다고 주장한다. 그러나 빙하기 때도 곤충들은 멸종하지 않았다. 곤충들은 지구 상에 존재하는 생명체의 약 70퍼센트를 차지한다. 세균을 제외

하면 가장 오래된 생명연대를 가지고 있다. 어떻게 빙하기라는 최악의 상황에서도 멸종하지 않고 살아남을 수 있었을까.

직경 11킬로미터 정도의 운석이 충돌하면 지구는 빙하기에 접어들게 된다. 운석의 충돌로 지표가 뚫어지고 엄청난 규모의 화산폭발이 발생한다. 아울러 분출된 용암이 바다로 흘러들고 수증기가 방대한 영역에 걸쳐 대기를 덮게 된다. 화산재가 대기를 덮어 햇빛이 차단되면 햇빛을 에너지로 생명활동을 영위하던 생명체들이 차츰 멸종해 버리는 현상에 도달한다. 그러면 당연히 먹이가 부족해서 공룡도 살아남을 수가 없다.

빙하기 때부터 곤충들은 제일 먼저 몸을 줄이기 시작했다. 쥐라기 때만 하더라도 잠자리의 크기가 1미터 정도였다. 그런데 빙하기 때부터 급속도로 몸을 줄이기 시작해서 지금은 전장이 사람 손가락 하나 정도의 길이를 넘지 않는다. 바퀴벌레도 몸을 줄이기 시작했다. 뿐만 아니라 비좁은 틈으로 숨어들어 천적으로부터 안전하게 생명을 보존하는 방법까지 터득했다.

### 세균

공룡은 어느 시기에 한꺼번에 멸종한 동물로 알려져 있다.

공룡은 곤충들과 달리 빙하기 때도 자기 몸을 늘일 줄만 알았지 줄이지는 못했다. 학자들에 의하면 공룡은 성장제어 정보를 가진 세포를 가지고 있지 않았다. 그래서 먹는 대로 비대해졌다. 일부 학자들은 공룡이 빙하기를 계기로 먹이부족 때문에 멸종해 버렸다고 주장한다. 그러나 나는 생각이 다르다.

지금 지구 상에는 검은 지층대라고 불리어지는 부분이 있다. 대형 운석의 충돌로 화산재가 쌓여서 만들어진 지층대다. 바로 빙하기와 일치하는 지층대다. 그런데 검은 지층대 이후에도 공룡의 화석들이 발견된다. 그 사실은 빙하기 이후에도 공룡이 생존했음을 입증한다. 어쩌면 공룡이 빙하기 때 먹이부족으로 멸종한 것이 아닐지도 모른다는 의혹을 불러일으키는 부분이다.

그렇다면 공룡은 어떻게 멸종했을까.

내 생각은 이렇다. 세균이라는 존재는 생명계의 균형을 잡아주는 아주 중요한 역할을 한다. 세균은 생명계의 균형이 깨지면 가장 민감하게 반응한다. 전쟁이 휩쓸고 간 지역에는 어김없이 전염병이 창궐하는 이유를 생각해 보라.

빙하기 때도 세균들은 공룡이 생명계의 균형을 깨뜨리는 원흉임을 간파해 버렸다. 다른 생명체가 3년 동안 먹을 것을 공룡은 삼 초 안에 먹어치워 버리는 것이다. 그렇다. 생명계 전체를 통틀어도 나뿐인 놈들은 나쁜 놈인 것이다.

저놈들을 제거해 버리자라고 세균들은 결정했을 것이다. 결국 공룡들은 세균의 공격을 받아 순식간에 지구 상에서 사라져버리고 말았을 것이다. 그래서 나는 인간들도 세균들에게 나쁜 놈으로 지목되지 않도록 각별히 유념해야 한다는 생각을 가지고 있다.

# 창조의 출발

예술은 모방으로부터 출발한다는 말이 있다. 모방하기를 좋아하는 사람들이 만들어낸 거짓말이다.

예술은 창조적 욕구로부터 출발한다. 어떤 경우에도 창조적 욕구 없이는 예술에 이르지 못한다. 그러나 창조적 욕구만으로도 예술에 이르기는 힘들다. 창조적 욕구에 창조적 능력이 구비되어야 한다. 그러자면 남다른 시각부터 가져야 한다.

남들과 똑같은 시각으로 사물을 바라보면 남들과 똑같은 사고를 하게 되고 남들과 똑같은 사고를 하게 되면 남들과 똑같은 글을 쓰게 된다. 그대가 남들과 다른 글을 쓰고 싶다면 사물을 새롭게 바라보는 시각부터 가지도록 하라.

그러기 위해서는 사물을 있는 그대로 내버려 두어서는 안 된다. 사물을 있는 그대로 내버려 두면 그대가 알고 있는 사실 이상의 소득을 얻어낼 수가 없다. 있는 것을 없애고 없는 것을 만들어보는 습관부터 가져라. 물론 실제 사물에게 그렇게 하라는 말이 아니다. 가급적이면 의식으로 그렇게 하라는 말이다.

있을 법한데 없는 것들

**배꼽**

개구리의 배를 보면서 어쩐지 허전하다는 생각을 해본 적이 있는가. 일단 종이에 개구리를 한 마리 그려보라. 배가 허전해 보이지 않는가. 허전한 배에다 배꼽을 한번 그려넣어 보라. 하나도 어색하지 않다. 생물학적으로 부당하기 때문에 개구리의 배꼽을 그려넣는 일 또한 부당하다고 말하는 사람이 있다면 아직 예술이 무엇인지 모르는 사람이다. 그런 사람에게는 생물학만 세상에 존재하지 않는다는 사실부터 가르쳐주고 싶다.

**뿔**

개뿔이라는 말은 있는데 개의 머리에는 왜 뿔이 없을까. 쥐뿔도 마찬가지다. 개의 머리에 뿔이 생긴다면 아마도 일각수가 어울릴 것이다. 만약 쥐의 머리에 뿔이 생긴다면 과연 쥐는 그 뿔로 고양이를 들이받을 수 있을까. 말에게도 뿔을 만들어주고 닭에게도 뿔을 만들어주자. 그러는 순간에 그대에게 창조력이라는 이름의 뿔이 생긴다.

### 혓바닥

무더운 여름에 혓바닥을 축 늘어뜨린 채 그대 앞에 천연덕스럽게 놓여 있는 수박을 떠올려 보자. 수박이 혓바닥으로 그대의 얼굴을 핥는다면 도대체 어떤 기분일까. 모든 과일들에게 혓바닥을 만들어주면 어떨까. 과일들은 자신의 혓바닥으로 자신의 속살을 핥으면서 뭐라고 말할까.

## 없을 법한데 있는 것들

**오리너구리**

오리너구리의 입에는 부리가 붙어 있다. 이놈에게는 귓구멍은 있지만 귓바퀴는 없다. 외형적 특성만으로는 이놈의 소속을 판단하기가 쉽지 않다. 오리인가 하면 너구리고 너구리인가 하면 오리다. 이놈은 모방의 천재다. 머리는 오리를 모방했고 몸통은 너구리를 모방했으며 꼬리는 비버를 모방했다. 더구나 이놈은 포유류면서도 난태생이다. 게다가 독이 있는 발톱까지 가지고 있다. 발톱에서 나오는 독성으로 개 한 마리는 너끈히 쓰러뜨릴 수 있다. 호주의 고유종으로 알려져 있다. 호주에 가서 이놈을 만날 기회가 온다면 진지하게 한번 물어보고 싶다. 넌 뭐니?

벼룩시장

어감상 벼룩을 파는 시장으로 오인할 수도 있지만 중고품을 모아서 파는 시장이다. 벼룩이 사라진 현대에도 벼룩시장이라는 이름은 그대로 쓰이고 있다. 벼룩시장이라는 이름이 붙여진 이유는 확실치 않다. 중고물건들이 많이 모이는 장소이기 때문에 벼룩이 많이 들끓어서 붙여졌다는 설도 있고 그런 싸구려 물품을 파는 시장 부근에서 반드시 벼룩서커스가 공연되기 때문에 붙여졌다는 설도 있다.

벼룩서커스

파리에서 시작되었다고 한다. 그토록 중구난방으로 튀어오르기만 하는 벼룩을 훈련시켜서 서커스 공연을 벌일 수가 있다니, 탄복을 금치 못할 지경이다. 벼룩은 체형이 매우 작은 곤충이다. 그래서 벼룩서커스는 확대경으로 관람한다. 물론 출연자들은 모두 벼룩이다. 벼룩이 벼룩을 태운 마차를 끌기도 하고 창을 든 벼룩들이 도열해서 군대처럼 행진을 하기도 한다. 심지어는 축구를 하기도 한다. 코펜하겐의 티볼리 공원에는 벼룩서커스 상설관까지 있다고 한다. 17세기 이래 장터의 구경거리로 널리 회자된 벼룩서커스. 요즘은 살충제의 영향 때문에 후계자 양성도 어렵고 벼룩들이 격감해서 대가 끊어질 위기에 놓여 있다고 한다. 하지만 벼룩들에게 축구를 가르치는 인간들이 무슨 짓인들 못하랴. 언젠가는 모기를 훈련시켜 국군의 날 기념행사를 방불케 하는 에어쇼를 벌일지도 모른다. 돈이 궁한 사람들은 그때 공연장 입구에서 쌍안경이나 팔면 어떨까.

군대

지금쯤은 없어질 법도 한데 아직도 끈질기게 남아 있다. 지구 상에 남아 있는 것들 중에서 가장 비극적이고 악마적인 단어다. 군대에 갔다 온 남자들은 대부분 제대한 뒤에도 짧게는 5년 길게는 10년 정도 재징집되어 다시 좆뺑이를 치는 꿈을 꾼다. 무슨 말이 필요하겠는가. 적어도 대한민국에서는, 군대 화장실에서 눈물 젖은 초코파이를 먹어보지 않았다면 애국을 논할 자격이 없다.

# 감각개발

시대적 감각이 뒤떨어지는 축구 해설가들은 선수들이 융통성 없는 볼 처리를 하면 버릇처럼, 축구도 머리를 써야 해요라는 소리를 남발한다. 그러나 머리를 써야 하는 것은 감독이지 선수가 아니다. 선수들에게 절대적으로 필요한 것은 머리가 아니라 감각이다. 볼을 가장 효율적인 방법으로 처리하는 능력은 머리에서 나오는 것이 아니라 감각에서 나오는 것이다. 감각에는 머리가 끼어들 여지가 없다. 예술도 마찬가지다. 창작을 하건 감상을 하건 머리보다는 감각이 살아 있어야 한다.

## | 한 단어로 느낌 표현하기

살모사. 외줄타기. 총구. 지뢰. 붉은색. 경고문. 총성. 유리조각. 덫. 올가미. 함정. 이빨. 면도날. 스파크. 앰뷸런스. 사이렌 — **위기감**을 내포하고 있는 단어들이다.

꽃. 달. 촛불. 돌탑. 합장. 기도. 움. 연등. 정화수. 겨울나무. 백자. 알. 보름달. 연하장. 솟대. 연 — **소망**을 내포하고 있는 단어들이다.

만국기. 입학식. 벚꽃. 박수. 금메달. 팡파르. 꽃마차. 축전(祝電). 월계관. 합격증. 무죄선고. 승전보. 우승컵. 챔피언 — **환희**를 내포하고 있는 단어들이다.

코알라. 한여름. 거지. 낮잠. 구렁이. 두꺼비. 민달팽이. 솜이불. 흔들의자. 팔베개. 아편. 아지랑이. 봄햇살. 식곤증 — **나른함**을 내포하고 있는 단어들이다.

독촉장. 감옥. 잔소리. 혓바늘. 시험. 초읽기. 숫자들. 정치가. 변명. 연착. 성적표. 소음. 여드름. 심부름. 트집 — **짜증**을 내포하고 있는 단어들이다.

##  감성사전식 반대말

우리는 감성사전식 반대말보다는 국어사전식 반대말에 익숙해 있다. 그럴 수밖에 없을 것이다. 감성사전이라는 것이 이 세상에 존재한다는 사실조차도 모르는 사람들이 대부분일 테니까. 그러나 감성이 존재한다는 사실을 부정하는 사람은 없을 것이다.

국어사전은 논리에 의존해서 반대말을 풀이한다. 따라서 감성이 완전히 배제된 풀이다. 그러나 감성사전은 감성에 의존해서 단어를 풀이한다. 그러니까 반대말도 감성에 대입시켜 찾아낸다. 물론 논리에 의존해서 만들어진 국어사전에 길들여져 있는 그대로서는 개념을 파악하기가 쉽지 않을 것이다. 그러나 일단 파악만 하면 놀라운 언어감각을 획득할 수 있다는 장점을 가지고 있다.

논리에 의존하면

목구멍의 반대말은 똥구멍이고
모래의 반대말은 바위며
홑이불의 반대말은 솜이불이다.

그러나 감성에 의존하면

목구멍의 반대말은 골프공이고
모래의 반대말은 솜털이며
홑이불의 반대말은 대리석이다.

감성사전식 반대말의 감각을 익히기 위해 반대말 잇기 놀이를 해 보겠다. 지금까지 논리에 의존해서 합리성이 인정된 반대말만 접해 온 그대로서는 귀신 씨나락 까먹는 소리로 들릴지도 모른다. 그러나 그 단어들이 내포하고 있는 의미보다는 그 단어들이 함유하고 있는 느낌에 충실하라.

입술의 반대말은 **톱밥**
**톱밥**의 반대말은 **입김**
**입김**의 반대말은 **철사줄**
**철사줄**의 반대말은 **목화**
**목화**의 반대말은 **석탄**

석탄의 반대말은 우무

우무의 반대말은 자갈

자갈의 반대말은 재

재의 반대말은 우유

우유의 반대말은 성게

성게의 반대말은 두부

적절한 단어를 고를 때는 초감각이 필요하다. 초감각은 머리를 써서 얻어지는 것이 아니다. 머리를 맹신하는 습관을 버려라. 머리는 감동을 느끼지도 못하고 사랑을 느끼지도 못한다. 단어에 대한 초감각을 터득하고 싶다면 단어를 깊이 음미하는 습관부터 길러야 한다.

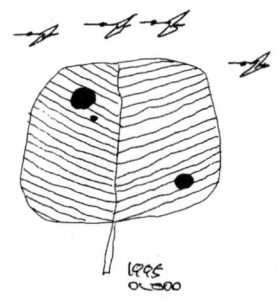

##  비가 내리면 육신만 적시지 말고 영혼까지 적셔라

글쓰기가 그대의 외형을 아름답게 만들어줄 수는 없다. 그러나 그대의 내면은 아름답게 만들어줄 수가 있다. 그대의 능력에 따라 독자들의 내면까지 아름답게 만들어줄 수도 있다. 세상 만물은 모두 저마다의 아름다움을 간직하고 있다. 따라서 세상 만물의 이름 또한 모두 저마다의 아름다움을 간직하고 있다. 그러나 그대가 아직도 육안이나 뇌안의 범주에 머물러 있다면 어찌 세상 만물을 사랑하는 영혼을 가질 수가 있으랴.

만약 그대가 '비'라는 한 음절의 단어로 글을 쓰고 싶어한다고 가정하자.

앞에서 내가 언급했던 사물의 속성과 본성을 잘 파악하고 비의 특성에 대해 깊이 사유한 다음 글을 써보라. 사유할 때는 육신만 적시지 말고 영혼까지 적셔라. 그것이 진정한 사유다. 아래 제시하는 예문은 저자의 산문집에 수록되어 있는 글이다. 한 음절의 단어가 사유를 거치면 어떤 울림을 가지는가를 깊이 음미해 보자.

### 비에 관한 명상수첩

비는 소리부터 내린다. 흐린 세월 속으로 시간이 매몰된다. 매몰되는 시간 속에서 누군가 나지막이 울고 있다. 잠결에도 들린다.

비가 내리면 불면증이 재발한다. 오래도록 소중하게 간직하고 싶었던 이름일수록 종국에는 더욱 선명한 상처로 남게 된다. 비는 서랍 속의 해묵은 일기장을 적신다. 지나간 시간들을 적신다. 지나간 시간들은 아무리 간절한 그리움으로 되돌아보아도 소급되지 않는다. 시간의 맹점이다. 일체의 교신이 두절되고 재회는 무산된다. 나는 일기장을 태운다. 그러나 일기장을 태워도 그리움까지 소각되지는 않는다.

비는 뼛속을 적신다. 뼈저린 그리움 때문에 죽어간 영혼들은 새가 된다. 비가 내리는 날은 새들이 보이지 않는다. 이런 날 새들은 어디에서 날개를 접고 뼈저린 그리움을 달래고 있을까.

빗속에서는 시간이 정체된다. 나는 도시를 방황한다. 어디에도 출구는 보이지 않는다. 도시는 범람하는 통곡 속에서 해체된다. 폐점 시간이 임박한 목로주점. 홀로 마시는 술은 독약처럼 내 영혼을 질식시킨다. 집으로 돌아와 바흐의 우울한 첼로를 듣는다. 몇 번을 반복해서 들어도 날이 새지 않는다. 아무런 이유도 없이 목이 메인다.

우리가 못 다한 말들이 비가 되어 내린다. 결별 끝에는 언제나 침묵이 남는다. 아무리 간절하게 소망해도 돌아갈 수 없는 전생. 나는 누구를 사랑했던가. 유배당한 영혼으로 떠도는 세속의 거리에는 예술이 암장되고 신화가 은폐된다. 물안개 자욱한 윤회의 강변 어디쯤에서 아직도 그대는 나를 기다리고 있는가. 나는 쓰라린 기억의 편린들을 간직한 채 그대로부터 더욱 멀리 떠나야 한다. 세속의 시간은 언제나 사랑의 반대 방향으로 흐르고 있기 때문에.

— 이외수의 산문집 『그대에게 던지는 사랑의 그물』 중에서

# 2부
# 문장의 장(場)

문장의 기본형식
글쓰기의 필수요건
경계해야 할 병폐들
띄어쓰기와 맞춤법에 대하여
문학적 문장 만들기
왜 쓰는가
문장의 적용
글쓰기의 실제
세련된 문장 만들기
수사법
자료의 활용

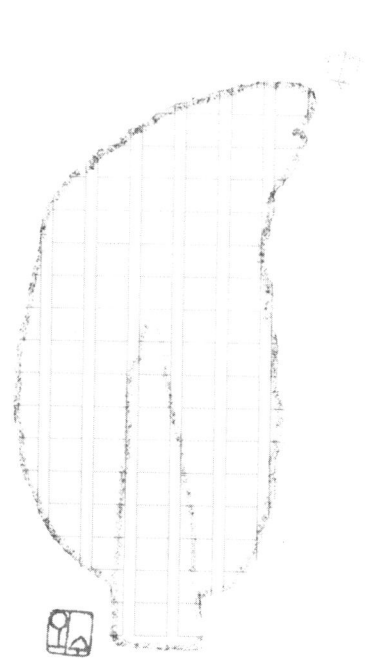

"그대가 조금이라도
격조 높은 글쓰기를 하고 싶다면
현재의 자신에서 탈피하라."

# 문장의 기본형식

**문장의 사전적 의미**

　국어사전에서는 문장을 한 줄거리의 생각이나 느낌을 글자로 기록해 나타낸 것이라고 풀이하고 있다. 예전에 나는 어떤 연유로 국어사전에서 대추라는 단어를 찾아본 적이 있었다. 국어사전은 대추를 대추나무에서 열리는 열매라고 풀이하고 있었다. 그래서 이번에는 대추나무를 찾아보았다. 국어사전은 대추나무를 대추가 열리는 나무라고 풀이하고 있었다. 젠장. 국어사전은 어떤 단어를 찾아보아도 철저하게 감성이 배제된 풀이만 매달고 있었다. 나는 그때 감성이 철저하게 배제된 언어는 기호에 불과하다는 생각을 했다.
　여기서는 가급적이면 기호의 나열에 머물러 있는 문장이 아니라 감성과 생명이 부여된 문장을 다루어볼 예정이다.
　한국 사람이면서 외국어를 기막히게 잘하는 사람들이 있다. 회화는 기본이고 문법까지 달통한 사람들이 있다. 그대가 만약 그런 사람이라면 목에 힘을 좀 주어도 역겨워하지 않겠다. 그런데 한국어에 대해서는 개뿔도 모른다. 문장의 기본형식조차도 거들떠본 적이 없다. 그렇다면 그대는 수치스러운 존재다. 목에 힘을 주는 대신 목을 깊이 떨구어야 마땅하다. 반발하고 싶은가. 그러면 복도에 나가 손 들고 있어라.

주어(나는)+서술어(걷는다)
주어(나는)+목적어(오솔길을)+서술어(걷는다)
주어(나는)+보어(신이)+서술어(아니다)
주어(내가)+보어(구름이)+서술어(된다)

이것이 우리 문장의 기본형식이다.
아무리 긴 문장도 저 세 가지 기본형식을 활용해서 만들어진다.
나는 앞에서 몇 번이나 기본의 중요성을 강조했다. 강조를 거듭한다고 식상해 하지 말라. 앞으로도 필요에 따라 수시로 강조할 예정이다. 그대가 귓구멍을 후비면 기본, 기본, 기본이라는 귀지들이 바스라져 나올 때까지 기본의 중요성을 강조할지도 모른다.

## 처음부터 문장을 꾸미지 말라

　처음에는 정치법에 따른 문장을 쓰도록 하라. 문장에서의 정치법이란 문장을 이루는 성분을 순서대로 바르게 배열하는 일을 말한다.
　나는 매미들이 발악적으로 울어대는 오솔길을 혼자 걷고 있었다라고 쓰기 전에 나는 오솔길을 걷고 있었다라는 문장을 먼저 쓰도록 하라. 바둑에 비유하자면 정석부터 익히는 습관을 기르자는 말과 동일하다. 바둑에서 정석은 참으로 중요하다. 정석을 등한시하면 기력이 향상되지 않는다. 문장에서도 마찬가지다. 정치법을 등한시하면 문장력이 향상되지 않는다. 처음부터 꾸미는 단어들을 남발하면 문장이 어색해지거나 내용 전체를 망쳐버릴 가능성이 짙다.

　나는 매미들이 발악적으로 울어대는 오솔길을 혼자 걷고 있었다.

위의 문장에서 고딕으로 처리된 부분은 문장을 꾸며주는 역할을 한다. 이것들은 가급적이면 나중에 적절성을 따져서 삽입하거나 생략하는 습관을 익히도록 하라. 표현의 욕구를 최대한 자제하고 반드시 필요할 때만 적절한 부분에 적절한 수식어를 첨가하도록 하라.

나는 사방에서 매미들이 주변의 나무들이 진저리를 칠 정도로 목청을 다해서 발악적으로 시끄럽게 울어대는, 맞은편에서 사람이 오면 비켜설 자리가 없을 정도로 비좁은 오솔길을 혼자 쓸쓸히 걷고 있었다.

한 문장 안에 표현하고 싶은 것들을 모조리 구겨넣은 사례에 해당한다. 글을 쓴 사람이 무엇을 전달하고자 하는지는 짐작할 수 있지만 산만하면서도 허술한 느낌을 떨쳐버릴 수가 없다. 정치법을 등한시하는 사람들이 흔히 범하기 쉬운 치기들이 도처에 숨어 있다. 바둑으로 비유하면 자충수에 해당하고 축구로 비유하면 자살골에 해당한다. 음식으로 비유하면 쇠고기 닭고기 돼지고기에 고등어 이면수 오징어를 집어넣고 미나리 당근 시금치 감자 마늘을 첨가한 다음 소금 간장 설탕 된장에 후추를 뿌리고 마요네즈까지 처바른 상태다. 맛이 어떨까.

위의 예문을 정치법에 입각해서 정리해 보자.

나는 오솔길을 걷고 있었다. 혼자였다. 오솔길은 비좁아 보였다. 맞은편에서 오는 사람과 마주치면 비켜설 자리가 없을 정도였다. 매미들이 시끄럽게 울어대고 있었다. 발악적이었다. 주변의 나무들이 진저리를 치고 있었다.

먼저 제시했던 예문에서 표현하고자 했던 상황들을 한 가지도 빠뜨리지 않았다. 그러나 먼저 제시했던 예문보다는 한결 안정된 느낌을 준다. 특별한 방법을 쓰지는 않았다. 단지 정치법에 따라 단문으로 정리했을 뿐이다.

## 하수와 고수

하수의 눈으로는 절대로 고수를 측량하지 못한다. 그러나 고수의 눈으로는 하수를 대번에 측량할 수 있다.

바둑의 고수들은 대국에서 이긴 다음 소감을 물으면 대부분 자기가 잘 두어서 이긴 것이 아니라 상대가 실수를 해서 이긴 것이라고 대답한다. 그들의 대답은 입에 발라진 겸손이 아니라 수많은 대국을 통해서 얻어낸 진실이다.

그러나 하수들에게는 진실조차도 가식으로 보인다. 왜냐하면 하수들은 습관적으로 진실을 포획하는 그물보다 가식을 포획하는 그물을 자주 사용하기 때문에 가식과 진실을 명확하게 구분하지 못한다. 구분하지 못하는 것은 어쩔 수가 없다고 하더라도 자기를 고수라고 착각하는 하수는 문제가 심각하다. 무슨 문제가 심각하냐고 묻는다면 선무당이 사람 잡는다는 속담을 되새겨보라고 충언해 주고 싶다. 하수들이 칼을 잘못 휘둘러 자기 팔을 자르는 짓거리야 어쩔 수가 없다고 하더라도 지나가던 행인의 팔까지 잘라버린다면 죄악에 해당한다.

바둑에는 승패가 있지만 예술에는 승패가 없다. 치수를 가늠할 수 있는 자도 없고 무게를 가늠할 수 있는 저울도 없다. 그래서 온갖 사이비들이 고수인 양 거드름을 피우면서 혹세무민을 일삼기도 한다. 그러나 고수들을 속일 수는 없다. 고수들은 딱 보면 아는 눈을 가지고 있기 때문이다.

그대는 어떤가. 비록 고수는 못 될지언정 한평생 하수로 머물러 있고 싶지는 않을 것이다. 그러고 싶다면 일단 달라질 각오부터 다져야 한다. 지금까지 자신이 간직하고 있던 자나 저울부터 과감하게 내던져 버려야 한다.

내가 달라지기 이전에 세상이 달라지는 법은 없다. 내가 달라지면 반드시 세상도 달라진다. 그대는 그럴 리가 없다고 생각할지도 모른다. 그렇다면 그대는 아직 달라져 본 적이 없는 하수다.

인격과 문장은 합일성을 가지고 있다. 문장이 달라지면 인격도 달라진다. 인격이 달라지면 문장도 달라진다. 그대가 조금이라도 격조 높은 인생을 살고 싶다면 현재의 자신에서 탈피하라.

# 글쓰기의 필수요건

## | 진실

　글로써 타인을 감동시키거나 설득시키고 싶다면 진실하라. 진실은 사실과 다르다. 사실을 통해 그대가 얻은 감정이 진실이다.
　글쓰기는 자기 인격을 드러내는 일이다. 글을 쓰면 그대의 내면이 그대로 드러난다. 머릿속에 있는 것들도 실체를 드러내고 가슴속에 있는 것들도 실체를 드러낸다. 그러므로 글로써 타인을 감동시키거나 설득시키고 싶다면 끊임없이 자신의 내면을 갈고닦아야 한다.

　예술은 아름다움을 궁극으로 하는 최상의 창작행위다.
　세인들은 예술이 예술가들의 전유물이라고 생각한다. 그래서 자신과는 거리가 먼 분야라고 생각한다. 그러나 예술은 예술가들의 전유물이 아니다. 누구든 자신이 종사하는 분야에서 최상의 경지에 이르면 예술을 구사할 수 있다. 경지에 이른 구두닦이가 잘 닦아놓은 구두코 끝에도 예술은 있다.

문학은 예술이다. 그러나 글쓰기를 통하지 않고서는 도달할 수 없다는 특성을 가지고 있다. 예술이 아름다움을 궁극으로 한다면 문학도 예외는 아니다. 따라서 글쓰기는 아름다움의 모색으로부터 출발한다. 자신의 내면도 아름답게 만들고 타인의 내면도 아름답게 만들겠다는 소망이 있어야 한다.

## | 소망

절실한 소망은 돈지갑을 뚫는다.

세르반테스의 『돈키호테』에 나오는 말이다. 서양 사람들의 지갑은 한국 사람들의 전대에 비하면 견고하기가 철갑이다. 재질이 철갑이라는 말이 아니라 그만큼 열기가 힘들다는 말이다. 그런데 세르반테스는 소망이 그것을 뚫는다고 단언했다. 무슨 설명이 필요하겠는가. 소망의 위력이 그러하거늘.

예일대학교의 어느 교수가 소망에 대해 연구해 보고 싶었다. 어느 날 학생들에게 미래의 소망을 발표해 보라고 했다. 그리고 소망의 관리방법을 물어보았다. 97퍼센트의 학생들이 자신의 소망을 머릿속에 간직하고 있다가 이따금 떠올리는 관리방법을 쓰고 있었다. 그러나 3퍼센트의 학생들은 자신의 소망을 글로 써서 간직하고 수시로 들여다보는 관리방법을 쓰고 있었다.

교수는 20년 후에 소망의 성취실태를 조사해 보았다. 97퍼센트에 해당하는 학생들은 소망에 실패했거나 다른 소망으로 교체한 상태로 살아가고 있었다. 그러나 3퍼센트에 해당하는 학생들은 모두 소망에 도달한 상태로 살아가고 있었다. 사회적 기여도를 조사해 보니 놀랍게도 3퍼센트에 해당하는 학생들의 기여도가 97퍼센트에 해당하는 학생들의 전체 기여도를 능가하고 있었다.

단언컨대 글에도 그 정도의 초과학적이고 초자연적인 힘은 간직되어 있다.

언제나 그대의 미래일기를 쓰는 기분으로 그대의 글에다 소망을 불어넣어라. 어떤 시점에 이르러 세상이 달라져 있을 것이다. 당연히 그대의 글 때문이다. 하지만 남들은 믿지 않을 것이다. 그리고 그대는 죽었다 깨어나더라도 그 사실을 증명할 방법이 없다.

## | 감성

공중에 떠다니는 수증기가 찬 기운을 만나 얼어서 땅으로 떨어지는 흰 여섯 모 결정체.

국어사전은 하늘에서 내리는 눈을 이렇게 풀이하고 있다. 국어사전은 어떤 단어를 찾아보아도 냉정하고 건조한 방식으로 단어를 풀이한다. 털끝만 한 감성조차도 찾아볼 수가 없다. 하지만 눈이 내리고 있는데,
 '수증기가 얼어서 형성된 흰 여섯 모 결정체가 땅으로 낙하하고 있네'라고 표현하는 사람은 없을 것이다. 그렇게 표현하는 사람이 있다면 감성이 완전히 죽어버린 사람이거나 무감성 지적허영 중독증(無感性知的虛榮中毒症) 환자일 것이다.
 '눈이 오네.' 대다수가 이렇게 표현한다. 이것이 감성의 출발이다. 수증기가 얼어서 형성된 흰 여섯모 결정체가 낙하하고 있네, 라는 표현은 머리에 근거를 두고 있지만, 눈이 오네, 라는 표현은 마음에 근거를 두고 있다.

지성은 뇌안의 범주에 속하고 인간을 아는 경지에 이르게 만들고 감성은 심안의 경지에 속하며 인간을 깨닫는 경지에 이르게 만든다.
 감성은 오로지 마음에 의해서만 생성되고 마음에 의해서만 감지되고 마음에 의해서만 표출된다. 그러나 감성은 마음 바깥에 있는 것들에 의해서 척박해지기도 하고 무성해지기도 한다. 마음 바깥에 있는 것들과의 교감이 없으면 감성의 생성이나 감지나 표출은 불가능해진다.
 그대가 죽은 문장으로 점철된 글을 쓰고 싶지 않다면 끊임없이 마

음 바깥에 있는 것들과의 교감을 시도하라.

| 애증(愛憎)

사랑할 수 없으면 증오라도 해라. 사랑이나 증오는 글을 쓰게 만드는 원동력이다. 사랑도 눈물겹지만 증오도 눈물겹다.

예술에는 시간의 한계도 없고 공간의 한계도 없다. 아인슈타인은 예술가를 하나님 다음가는 창조주라고 말했다. 원고지 속에서나 캔버스 속에서는 화가나 시인이 절대자다. 대통령도 그 권한을 박탈할 자격이 없고 참모총장도 그 권한을 박탈할 자격이 없다.

사랑을 근거로 글을 쓸 것인지 증오를 근거로 글을 쓸 것인지는 그대의 자유의지에 달려 있다. 하지만 그대가 진실로 감동적인 글을 쓰고 싶다면 방관만은 금물이다. 방관은 그대의 모든 감성을 말라 죽게 만들고 그대의 모든 소망을 말라 죽게 만든다. 그것들이 말라 죽은 상태에서는 국어사전을 만들거나 보고서를 작성하는 것이 제격이다.

예수나 부처는 인간에게 자비와 사랑을 가르친다. 하지만 작가는 인간에게 증오도 가르친다.

아직도 세상에는 증오해야 마땅한 것들이 너무 많이 남아 있기 때문에.

## 경계해야 할 병폐들

지금부터 문장의 치명적인 병폐들을 세 가지만 열거하겠다. 이를 문장의 3대병폐라 일컫는다. 만약 자신에게 남아 있는 병폐가 하나라도 있다면 과감하게 끌어내 시궁창에 처박아버리자. 이번에도 반발하고 싶은가. 그렇다면 반발하라. 졸업할 때까지 복도에서 손이 나 들고 있는 녀석들이 부러워 죽겠다는 뜻으로 받아들이겠다.

### | 가식

제목 : 서강대 의대 다니는 여친
고3 수능 보기 전부터 시작해서 어느덧 5년이라는 세월이 흘렀네여. 여친은 지금 아산현대병원 인턴에 합격한 상태이고 저는 아

직 학생입니다. 눈코 뜰 새 없이 바빠서 서로를 못 보지만 전화로 항상 사랑을 속삭이죠(닭살죄송). 아무튼 빨리 결혼하고 싶네요.

위 예문은 어느 포털사이트 커뮤니티에 게재되었던 글이다. 얼핏 보기에는 별다른 오류를 발견할 수 없는 문장들이다. 그러나 서강대에 의대가 없다는 사실을 알고 있는 사람들은 글을 쓴 사람의 가식을 대번에 눈치채게 된다. 결국 위 예문은 한동안 엄청난 양의 냉소어린 리플을 동반하고 인터넷을 떠도는 수모를 겪어야 했다.

한국을 인터넷 강국이라고 말하는 사람들이 있다. 그만큼 인터넷이 보편화되어 있는 것도 사실이다. 그러나 질적인 면에서는 아직도 미개성을 탈피하지 못하고 있는 실정이다. 아래 그 리플들을 간추려서 소개한다. 읽어 보고 글을 쓴 사람의 입장이 되어 심경을 한번 토로해 보자.

　┗ 나는 고려대 치대생입니다
　┗ 시밤바야. 서강대에 의대가 어딨냐 낙성대라면 몰라도
　┗ 아산현대병원이 어디삼?
　┗ 나 포항공대 사회체육과야
　┗ 저는 카이스트 철학과에 재학중입니다
　┗ 전 연세대 한의학과입니다
　┗ 저는 군대 전경과입니다
　┗ 난 한국해양대학교 의상디자인과야
　┗ 경찰대 첼로과입니다만

┗ 전 경포대 이치과입니다

┗ 전 이화여대 ROTC출신입니다

┗ 육군사관학교 무용학과입니다

┗ 유학파는 없군, 전 버클리 음대 기계공학과입니다

┗ 난 포항공대 농축산학과에서 카이스트 의예과로 편입했다

┗ 전 원광대학교 신학대생입니다

┗ 저는 서울대 부산캠퍼스 다닙니다

┗ 고대 음대생입니다

┗ 한국외대 서양무용과에 재학중입니다

┗ 나 서울대 한의대생이야!

┗ 부산해양대 오뎅 디자인과입니다

┗ 형은 경찰대 경비학과 다닌다

┗ 안녕하세요 카이스트 치과대학 학생입니다

┗ 난 해군사관학교 항공운항과 다닙니다

┗ 전 하바드대 김치과공학과에 다닙니다 만쉐

┗ 어쭈 난 제주대 감귤 포장학과 1년, 전주대 비빔밥 학과 1년, 대불대 목탁학과 1년, 강릉대 오징어 해부학과 1년 다녔다

┗ 가톨릭대 불상제조학과입니다

┗ 울산대 의대 작년에 수시에서 합격했다

┗ 나 육군사관학교 국어국문과다

┗ 인턴 아산병원 인턴 아직 안 뽑았습니다 내년 1월 돼야 뽑습니다

ㄴ 치킨대학 후라이드학과 재학중입니다
　　ㄴ 난 숙명여대 레슬링부 상무 출신이용
　　ㄴ 들이대 흥국과입니다
　　ㄴ 라르단 안녕하십니까 프린스턴대 원불교연구학과입니다
　　ㄴ 저는 하버드대 멸치심리학과 6학년에 재학중인 학생입니다
　　ㄴ 난 통일전망대 망원경수리과
　　ㄴ 오징어 심리학과도 있어요

　예문을 장난삼아 올린 낚시글로 보는 사람들도 있다. 그러나 자신을 돋보이게 만들 목적으로 쓰여진 글로 판단하고 달아놓은 리플들은 대부분 글팔매질에 가깝다. 온라인에서의 글팔매질은 오프라인에서의 돌팔매질에 해당한다. 오프라인에서 저토록 많은 사람들에게 돌팔매질을 당하면 이종격투기 세계 챔피언이라도 살아남을 가능성이 희박하다. 즉석에서 사망하지 않으면 식물인간으로 전락할 가능성이 높다. 실지로 인터넷에서 당한 글팔매질 때문에 정신과 치료를 받거나 자살을 감행하는 네티즌들이 갈수록 늘어나고 있는 실정이다.

　가식은 척하는 병이 만들어낸다. 인터넷에 들어가면 온갖 척하는 병들이 난무한다. 글쓰기에서 가장 많은 감염자를 거느리고 있는 풍토병도 그놈의 척하는 병이다. 감염되면 민간요법 정도로는 완치가 불가능하다.
　위 예문에 냉소적으로 리플을 단 사람들은 아마도 글쓴이가 척하

는 병에 감염되어 불특정 다수를 기만하는 것으로 판단했을지도 모른다. 하지만 다투어 비아냥거림으로 일관하는 태도 역시 인간으로서는 수준미달이다. 자신과 의견이 상반되는 게시물이나 비위가 거슬리는 게시물이 있으면 글팔매질을 감행하기 전에 자신도 똑같은 감염자가 아닌가 한 번쯤 진단해 볼 필요가 있다. 자신도 똑같은 감염자이면서 글팔매질을 하는 행위도 가식에 해당한다.

글을 쓰기 전에 철저하게 가식을 경계하라. 가식은 여러 종류의 척하는 병들을 불러들일 뿐만 아니라 글쓴이의 인격을 격하시키고 글의 궁극적 목표인 감동이나 설득력을 깡그리 말살시킨다.

## | 욕심

욕심이 잉태되면 죄를 낳고 죄가 자라면 죽음을 불러들인다.

『신약성서』야고보서에 있는 말씀이다. 그 말씀을 요약하면 욕심은 곧 사망이다.

글쓰기에도 욕심은 금물이다. 욕심이 들어가 있는 문장은 모두 죽어 있는 문장이라고 해도 과언이 아니다.

야구경기를 중계할 때 해설자들은 투수나 타자의 어깨에 힘이 들어가면 타격이나 투구를 망친다는 말을 자주 한다. 투수나 타자들도 그 사실을 알고 있다. 알고 있는데도 어깨에 힘이 들어간다. 욕심 때문이다. 경기를 주도하고 싶다는 욕심. 관중들의 환호를 받고 싶다는 욕심. 승리의 주역이 되고야 말겠다는 욕심.

　야구선수들의 어깨에 힘이 들어가 있을 때 어깨를 절개하면 딱딱하게 응어리져 있는 욕심 덩어리들을 확인할 수 있을 것이다. 바로 그 욕심 덩어리들이 선수들의 의식과 근육을 경직시키고 타격이나 투구를 엉망으로 만들어버린다.

　글을 쓸 때도 마찬가지다. 만인이 탄복해 마지않는 문장을 만들어보겠다는 욕심. 한 달 이내에 반드시 신춘문예에 당선될 작품을 쓰고야 말겠다는 욕심. 지금 쓰고 있는 글을 통해 금세기 최고의 문장가로 추앙받고 싶다는 욕심. 이러한 욕심들이 응어리진 채로 의식을 메우고 있으면 절대로 경탄할 만한 글은 나오지 않는다.


　　그대가 진정한 화가가 되고 싶다면 아이 같은 마음으로 그림을 그려라.


　고흐의 말이다.

　아이들은 가식도 없고 욕심도 없다. 잘 그린다는 기준도 없고 못 그린다는 기준도 없다. 단지 자기의 생각이나 마음을 그대로 표현하는 즐거움에 심취한다. 아이들의 그림을 보면 어떤 대가도 따라갈 수 없는 경지에 도달해 있다. 아이들의 그림에는 기술 이상의 진실이 담겨 있다. 그래서 보는 사람에게 특별한 즐거움을 선사한다. 대가들도 나이가 들면 아이들의 그림을 닮아간다.

　그런데 부모들이 문제다. 어린이 사생대회를 참관해 보라. 부모들이 욕심을 발동시켜 아이들의 그림을 망치는 현장을 쉽사리 목격할 수 있을 것이다. 하늘을 노랗게 칠하다니, 니가 바보냐. 여기다 나무를 그리고 저기다 새를 그려라. 보이지도 않는 자동차 반대편 바퀴는 왜 그렸니. 부모들은 아이들에게 잔소리를 연발하거나 참견하기를 멈추지 않는다. 심지어는 아이의 그림을 손질해 주는 부모들까지 있다. 물론 자기 아이가 입상하기를 바라는 부모들의 심경을 모르는 바가 아니다. 하지만 아이들만의 유쾌하고 몽환적인 세계가 결국 부모들의 욕심 때문에 사악하고 현실적인 세계로 탈바꿈해 버린다. 그것은 일종의 죄악이다. 고흐가 지하에서 남은 귀를 마저 자르고 싶은 충동을 느낄지도 모른다.

첫 번째 경계의 대상으로 언급했던 가식도 욕심이 허영과 간통을 해서 만들어낸 사생아다. 문장은 쓴 사람의 내면을 그대로 반영한다. 그리고 쓴 사람의 내면은 문장을 거쳐 읽는 사람의 내면으로 전이된다. 하지만 범인으로서는 쉽게 욕심을 떨쳐버릴 수가 없다. 그래서 나는 욕심을 소망으로 바꾸라고 충언해 주고 싶다.

욕심과 욕망은 일란성 쌍둥이다. 그것들은 이기성(利己性)이라는 이름의 아버지와 허영심(虛榮心)이라는 이름의 어머니 사이에서 태어난다. 그것들은 남에게 불행과 비극을 안겨주는 한이 있더라도 자기만 잘되기를 바라는 성정을 가지고 있다. 각별히 경계하라. 각별히 경계하지 않으면 작게는 그대의 문장을 그르치고 크게는 그대의 인생을 그르친다.

하지만 소망은 그것들과 전혀 다른 혈통에서 태어난 정상이다. 자신이 불행과 비극을 감내하면서 타인이 잘되기를 바라는 성정을 가지고 있다. 그대의 문장에서 욕심을 퇴출시키고 소망을 불러들이지 않으면 그대의 글쓰기가 공염불이 되고 만다는 사실을 명심하라.

## | 허영

국어사전은 허영을 분수에 맞지 않는 외관상의 영예 또는 필요 이상의 겉치레라고 풀이하고 있다. 그러나 보편적인 인간들은 누구나 허영을 가지고 있다. 자신의 영예를 드높이고 싶은 욕구 자체는 문제될 건덕지가 없다. 단지 분수에 맞지 않는 외관상의 겉치레가 문제인 것이다.

분수에 맞지 않는 욕구를 충족시키려면 자연히 푼수를 떨기 마련이다. 아기의 유모차 하나 장만하기도 벅찬 주제에 할리데이비슨을 타고 전국을 누비고 다니는 남자. 기도를 하기 위해 교회를 나가는 것이 아니라 옷 자랑을 하기 위해 교회를 나가는 여자. 맹인 남자와 데이트를 하러 가면서 짙은 화장으로 한 시간을 허비하는 여자. 인간성 더럽기로 온 마을에 소문이 파다한 줄 알면서도 선거 때마다 국회의원에 출마하는 남자. 그들은 보는 사람을 안쓰럽게 만든다.

알고 보면 모든 허영 뒤에는 정신적 빈곤이 도사리고 있다. 따라서 그들은 정신적 빈곤을 겉치레로 위장하고 있는 것이다.

허영 중에서도 글쓰는 사람들이 특히 매력을 느끼는 허영이 지적(知的) 허영이다. 여기에 빠지게 되면 창작을 하더라도 보고서나 논문을 연상시키는 문장들을 구사하게 된다. 소화되지 않은 학문, 소화되지 않은 철학은 글쓴이를 위선자로 만들기도 하고 읽는 이를 청맹과니로 만들기도 한다. 허영은 국어사전 그대로 겉치레에 불과하다. 알맹이가 될 수는 없는 것이다.

온갖 미사여구로 치장된 문장. 끊임없이 열거되는 전문용어. 철학적인 사고나 지적인 이론으로 점철된 문장. 지나치게 남발되는 외국어. 이런 허영들을 도구로 사용해서 자신이 돋보이기를 바라지 말라. 허영은 자신의 정신적 빈곤을 드러낼 뿐만 아니라 가식이나 욕심과 마찬가지로 문장의 생명력과 설득력을 말살시킨다.

솔직히 말해서 나는 서양의 문예사조나 철학사조에 그다지 많은 관심을 할애하지 않는다. 서양의 새로운 문예사조는 언제나 전사조(前思潮)의 반동에 의해서 태어난다. 우리의 온고지신(溫故知新)이 간직하고 있는 합리성에 견주면 타당성을 인정하기 어렵다. 물론 그들의 정서로는 그들의 것이 지극히 타당하게 여겨지고 우리의 것이 지극히 부당하게 여겨질 것이다.

그들은 철학의 대상이 수시로 달라진다. 때로는 자연이 철학의 대상이 되기도 하고 때로는 종교가 철학의 대상이 되기도 한다. 때로는 이성이 철학의 대상이 되기도 하고 때로는 존재가 철학의 대상이 되기도 한다. 때로는 구조가 철학의 대상이 되기도 하고 때로는 혼돈이 철학의 대상이 되기도 한다. 그러나 우리는 수만 년 동안 철학의 대상이 도(道) 하나였다.

물론 서양의 그것들이 틀렸다거나 나쁘다는 뜻은 아니다. 글을 쓰는 사람이 정체성을 상실하고 시대적 조류나 경향에 편승해서 부화뇌동을 일삼거나 혹세무민을 일삼지 말라는 것이다. 아무리 자신 있는 글솜씨를 가지고 있어도 정신적 빈곤에 연계되어 있는 허영을 버리지 못하면 자신도 비천해지고 문장도 비천해진다. 어찌 남을 감동시키는 글을 기대할 수가 있겠는가.

## 띄어쓰기와 맞춤법에 대하여

인터넷이 활성화되면서 언어파괴현상이 두드러지게 나타나고 있다. 신조어(新造語)가 난무하고 말줄임이 남발되고 이모티콘이 판을 친다. 띄어쓰기나 맞춤법을 무시하는 성향도 짙어졌다. 어떤 신조어들은 오프라인까지 튀어나와 상용어로 자리를 잡기도 했다. 그러나 특별한 용도로 쓰여질 경우라면 몰라도 진지한 글쓰기에서는 차용의 자제를 당부하고 싶다.

기초적인 띄어쓰기나 맞춤법 정도는 초등학교나 중학교 과정에서 이미 습득했어야 할 항목이다. 하지만 그대가 아직도 띄어쓰기나 맞춤법 때문에 글쓰기가 곤혹스러운 처지라면 관계서적이나 국어사전을 자주 찾아보는 습관을 가져보라고 충언해 주고 싶다. 적어도 남에게 보여줄 만한 글을 쓰고 싶다면 최소한의 띄어쓰기나 맞춤법 정도는 유념해야 한다. 아무리 감동적인 내용이라도 띄어쓰기가 잘못된 부분이나 맞춤법이 틀린 부분이 자주 돌출하면 감동을 반감시킬 우려가 있기 때문이다. 만약 그대의 글이 책으로 출간될 경우라면 당연히 출판사 교정부에서 틀린 부분을 잡아줄 것이다. 그러나 출판사 교정부에서 자질을 의심하는 것만은 어쩔 수가 없다.

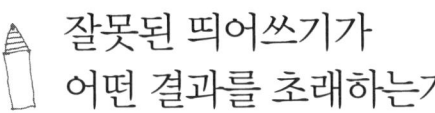# 잘못된 띄어쓰기가
어떤 결과를 초래하는가

모든 단어는 띄어 쓰되 그 조사는 단어의 말미에 붙여 쓴다. 접두사, 접미사, 첩용부사, 복합명사는 모두 붙여 쓴다. 그러나 작가의 특별한 의도에 의해 원칙을 벗어날 수도 있다.

아버지가 방에 들어가신다.

라는 문장에서 띄어쓰기를 잘못하면,

아버지 가방에 들어가신다.

라는 문장이 된다.
내용이 완전히 달라져 버리는 것이다. 내가 초등학교 다닐 때 선생님들이 띄어쓰기의 중요성을 강조하기 위해 자주 활용하던 예문이다. 그러니까 지독한 구닥다리 예문이다. 신세대를 위해 인터넷을 떠돌아 다니는 신컬러 예문을 아래에 [펌]해 보았다.

　　김현식 의사랑 했어요
　　UN 의사랑 해요 당신이 날 생각하지 않는 시간에도
　　이민우 의사랑 했던 그녀
　　태진아 의사랑은 아무나 하나

　여기까지 열거해 주어도 실상을 모르는 사람들이 있을지도 모른다. 물론 앞에 명시된 김현식, UN, 이민우, 태진아는 가수들의 이름이고 뒤에 명시된 말들은 그 가수들이 부른 노래의 제목들이다. 그런데 내용을 보면 한결같이 가수들이 의사와 무슨 짓거리를 한 것 같은 인상을 풍긴다. 띄어쓰기의 잘못 때문에 나타난 현상이다. 그러니까,

　　김현식의 사랑했어요

라는 문장이 띄어쓰기의 잘못 때문에

　　김현식 의사랑 했어요

라는 문장이 되고 말았다.

김현식을 진심으로 사랑하는 여자가 들으면 자살충동을 느낄지도 모른다. 아래 몇 가지를 더 망라해 보겠다.

    캔 의사랑 해서 미안합니다
    윤도현밴드 의사랑 했나봐
    자전거탄 풍경 의사랑 하기 위해서
    적우 의사랑 해줘
    한성민 의사랑 하면 할수록
    에프터레인 의사랑 하지 말 것을
    현숙 의사랑 하는 영자씨

#  맞춤법

한 줄로 요약하겠다.
한글 맞춤법 통일안을 구해서 참고로 삼으라.

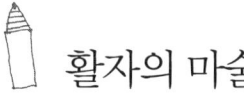

# 활자의 마술

활자의 마술이라는 것이 있다.

오자나 탈자를 교정하고 출판사에 원고를 넘기면 전문가들이 몇 번씩이나 교정을 본다. 그래도 책으로 나오면 오자나 탈자가 발견된다. 다시 그것을 교정해서 재판을 한다. 그래도 또 오자나 탈자가 나타난다. 최대한 신경을 집중해서 몇 번씩이나 교정을 보아도 마찬가지다. 이러한 현상을 출판 관계자들은 활자의 마술이라고 한다.

'아담한 선물봉지'에서 이응 받침이 빠지거나 '작지만 강한 군대'에서 기역 받침이 빠졌다고 생각해 보라. 모골이 송연하지 않은가. 특히 어린이들을 상대로 출판된 서적이라면 볼장 다 보았다고 해도 과언이 아니다.

오래 전에 떠돌아다니던 풍문에 의하면, 오자 하나 때문에 어느 신문사 편집국 전체가 초주검을 겪었던 사건도 있었다.

일면 톱기사 제목에 朴正熙大統領(박정희대통령)이라고 찍혀야 할 활자가 朴正熙犬統領(박정희견통령)으로 찍혀서 배포되었다. 박정희 대통령을 박정희 개통령으로 만들어버렸으니 그 서슬 푸르던 독재시절에 관계자들의 심경이 어떠했을까. 신문사 전체가 발칵 뒤집힐 수밖에 없었을 것이다. 결국 수백 대의 택시를 동원해서 신문을 회수하는 촌극을 벌인 끝에 간신히 위기를 모면했다고 한다. 단지 점 하나 때문에 엄청난 사태가 발생한 것이다. 사실인지 아닌지는 확인되지 않았고, 신문을 만드는 사람들 사이에 전설처럼 떠도는 일화다. 적어도 글을 쓰는 사람이라면 구두점 하나 쉼표 하나를 소중하게 생각하는 자세가 필요하다는 생각에서 언급해 보았다.

# 문학적 문장 만들기

여기 색종이 한 장이 있다.

어떤 사람은 그것을 찢어서 담배를 말아 피우고 어떤 사람은 그것을 잘 비벼서 코를 풀었다. 어떤 사람은 그것으로 바람개비를 만들어 아들에게 주었고 어떤 사람은 그것으로 장미꽃을 접어서 애인에게 주었다. 똑같은 색종이 한 장이지만 사용자에 따라 그 용도와 가치는 달라진다. 문장도 마찬가지다. 똑같은 단어라도 사용자에 따라 천박한 낙서로 전락하기도 하고 격조 높은 문학으로 승격되기도 한다.

문자를 칼에 비유한다면 한글은 천하명검에 해당한다. 그러나 천하명검을 들고 메뚜기를 잡겠다고 가을 논두렁을 누비고 다니는 명청이들이 있다. 만나면 물어보고 싶다. 밥이나 먹고 다니슈?

## 오감에 따른 서술어

　문장의 주어가 되는 명사 대명사 수사에도 오감을 자극하는 단어들이 있고 문장의 서술어가 되는 형용사나 동사에도 오감을 자극하는 단어들이 있다. 그것들이 서로 적절하게 결합하면 평범한 문장에서 문학적 문장으로 탈바꿈한다.

무너진다
흔들린다
나부낀다
펄럭거린다
끓는다
넘어진다
비틀거린다

사라진다
자란다
솟구친다
떠내려간다
들린다
소리친다
시끄럽다
조용하다
덜컹거린다
바스락거린다
속삭인다
스친다
미끄럽다
거칠다
간지른다
찌른다
뜨겁다
시리다
차갑다
서늘하다
쌀쌀하다
달다
달콤하다

달착지근하다
쓰다
쌉싸롬하다
맵다
매콤하다
시다
시금털털하다
짜다
짭짤하다

앞에 **무너진다**라는 서술어가 있다. 탑이 무너진다. 빌딩이 무너진다. 축대가 무너진다. 하늘이 무너진다. 일상적으로 사용하는 문장들이다. 하지만 무너질 수 있는 것들을 무너지게 만드는 솜씨 정도로는 작가의 반열에 오를 수 없다. 작가는 무너뜨릴 수 없는 것들조차도 무너뜨릴 수 있어야 한다. 눈에 보이는 것도 무너뜨릴 수 있어야 하고 눈에 보이지 않는 것도 무너뜨릴 수 있어야 한다. 작가는 그런 존재다. 절망도 무너뜨릴 수 있어야 하고 시간도 무너뜨릴 수 있어야 하고 사랑도 무너뜨릴 수 있어야 한다.

무엇을 무너뜨리고 싶은가. 무너뜨리고 싶은 것이 있다면 무엇이든 무너뜨려라.

앞에 **펄럭거린다**라는 서술어가 있다. 작가는 어떤 것도 펄럭거리게 만들 수 있어야 한다. 초현실주의 화가들의 그림 속에서는 나른

한 오후의 벽시계가 엿가락처럼 녹아내린다. 푸른 하늘을 배경으로 거대한 바위가 한가롭게 떠다니기도 한다. 비너스가 가슴에 서랍을 달고 복도를 서성거리기도 한다. 자유롭게 표현하라. 누구의 눈치도 볼 필요가 없다. 그대가 절대자다. 작가는 현실 속에서 펄럭거리지 못하는 것들을 펄럭거리게 만들 수 있는 존재다. 절망도 펄럭거리게 만들 수 있고 시간도 펄럭거리게 만들 수 있고 사랑도 펄럭거리게 만들 수 있는 존재다.

  무엇을 펄럭거리게 만들고 싶은가. 펄럭거리게 만들고 싶은 것이 있다면 무엇이든 펄럭거리게 만들어라.

##  물질 명사와 오감 서술어의 결합

먹구름
휴대폰
돼지
선풍기
책
마스카라
백열전구
할머니

위와 같이 무작위로 명사들을 열거해 놓고 오감에 부합하는 서술어와 결합시켜 보자. 그리고 거기에 부합되는 장면을 떠올려 보자.

떠내려간다

먹구름이 떠내려간다

휴대폰이 떠내려간다

돼지가 떠내려간다

선풍기가 떠내려간다

책이 떠내려간다

마스카라가 떠내려간다

백열전구가 떠내려간다

할머니가 떠내려간다


녹는다

먹구름이 녹는다

휴대폰이 녹는다

돼지가 녹는다

선풍기가 녹는다

책이 녹는다

마스카라가 녹는다

백열전구가 녹는다

할머니가 녹는다


도망친다

먹구름이 도망친다

휴대폰이 도망친다

돼지가 도망친다

선풍기가 도망친다

책이 도망친다

마스카라가 도망친다

백열전구가 도망친다

할머니가 도망친다

뒤틀린다

먹구름이 뒤틀린다

휴대폰이 뒤틀린다

돼지가 뒤틀린다

선풍기가 뒤틀린다

책이 뒤틀린다

마스카라가 뒤틀린다

백열전구가 뒤틀린다

할머니가 뒤틀린다

들끓는다

먹구름이 들끓는다

휴대폰이 들끓는다

돼지가 들끓는다

선풍기가 들끓는다

책이 들끓는다

마스카라가 들끓는다

백열전구가 들끓는다

할머니가 들끓는다

## 비물질 명사와 오감 서술어의 결합

고독
절망
믿음
공포
연민

이번에는 관념어에 해당하는 비물질 명사와 오감에 따른 서술어를 결합해 보자. 기호에 불과했던 사어들이 생명감을 얻어서 생어로 전환될 것이다.

**질펀하다**
고독이 질펀하다

절망이 질펀하다

믿음이 질펀하다

공포가 질펀하다

연민이 질펀하다

**흐느낀다**

고독이 흐느낀다

절망이 흐느낀다

믿음이 흐느낀다

공포가 흐느낀다

연민이 흐느낀다

**비틀거린다**

고독이 비틀거린다

절망이 비틀거린다

믿음이 비틀거린다

공포가 비틀거린다

연민이 비틀거린다

**시퍼렇다**

고독이 시퍼렇다

절망이 시퍼렇다

믿음이 시퍼렇다

공포가 시퍼렇다
연민이 시퍼렇다

고기도 먹어본 놈이 맛을 안다라는 속담이 있다. 언어도 가지고 놀아본 놈이 맛을 아는 법이다. 주어가 되는 단어들과 서술어가 되는 단어들을 지져도 보고 볶아도 보고 삶아도 보면서 문장의 맛들을 음미해 보는 습관을 기르자.

# 주어에 적절하게 부합되는 서술어 찾아내기

도시라는 주어가 있다. 어떤 서술어가 떠오르는가.

복잡하다
시끄럽다
번잡하다
혼탁하다
활기차다

하는 정도의 서술어는 상투적이다. 그리고 누구나 만들어낼 수 있는 표현이다. 그러나 글을 쓰다 보면 남다른 표현을 해보고 싶은 욕구를 느낄 때가 있고 글 자체가 그것을 필요로 할 때가 있다. 그럴 때,

멀미를 앓는다
폭발한다
질식한다
술렁거린다
비틀거린다
썩는다
기지개를 켠다

습관성을 벗어난 서술어를 대입시켜 보자. 단어에는 임자가 없지만 문장에는 임자가 있다. 그대가 먼저 만들어낸 문장은 그대가 임자다.

시간이라는 주어가 있다. 어떤 서술어가 떠오르는가.

흐른다
촉박하다
느리다
빠르다
있다
없다

역시 상투적으로 따라붙는 서술어들이다. 다른 표현은 없을까. 시간은 불가시적 존재다. 그러나 얼마든지 가시적 존재로 만들어서 표현할 수 있다. 일단 오감에 의존해서 서술어를 한번 찾아보도록 하자.

무겁다
눕는다
쌓인다
얼어붙는다
불어터져 있다
꺼끄럽다
매끄럽다
토막나 있다
흐느낀다
절명한다

적절한 표현이 떠오르지 않으면 즉시 오감을 발동시켜라. 그러면 생각지도 못했던 표현들을 얻어낼 수도 있다.

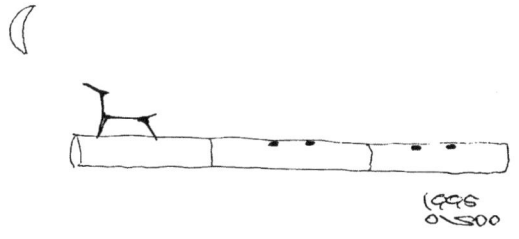

# 왜 쓰는가

 행복해지기 위해서 쓰는 것이다. 모든 인간은 행복해지기 위해서 나름대로의 모습으로 살아간다. 부모형제도 몰라볼 정도로 돈벌이에만 혈안이 되어 있는 수전노도 그렇게 하면 행복해질 수 있다고 믿기 때문에 그렇게 하는 것이다. 지방흡입수술도 행복해지기 위해서 하는 것이고 유방확대수술도 행복해지기 위해서 하는 것이다. 심지어 음독자살이나 투신자살조차도 행복해지기 위해서 하는 것이다. 그러나 행복이 과연 무엇인가. 아직은 말하기 이르다. 나중에 가르쳐드리겠다.
 천재는 결코 위대한 존재가 아니다. 저놈은 문학에 대한 재능을 타고났어.
 사람들이 가끔 내게 그런 표현을 쓸 때가 있다. 솔직히 말하겠다. 나는 그런 표현을 쓰는 사람들을 만나면 구둣발로 엉덩이를 세차게

걷어차 주고 싶은 충동을 느낀다. 어떤 분야에 재능을 타고난 사람은 극소수에 불과하다. 일반 사람들이 재능을 타고났다고 생각하는 사람들도 알고 보면 피눈물나는 노력에 의해 그런 경지에 도달해 있는 경우가 대부분이다.

나는 예전에 어느 라디오 프로그램에 출연한 적이 있다. 진행자가 내게 말했다. 선생님께서는 참 좋으시겠어요. 소설도 쓰시고 그림도 그리시고 작곡도 하시니 말입니다. 내가 답변했다. 칼국수를 끓일 줄 아는 사람이 수제비인들 못 끓이겠습니까. 이어 진행자는 모차르트의 천재성에 대해서 말하기 시작했다. 모차르트는 그토록 아름다운 교향곡들을 음표하나 수정하지 않고 하룻밤에 완성할 수 있는 재능을 가지고 있었는데 자신은 모차르트만 생각하면 극심한 열등감에 사로잡히게 된다는 것이다. 그러나 천재는 결코 위대한 존재가 아니라고 나는 말해 주었다. 하늘이 능력만 부여해 준다면 누군들 모차르트를 능가하지 못하랴. 굳이 부러워하겠다면 타고난 사람을 부러워하지 말고 끊임없이 노력하는 사람을 부러워하라.

무엇을 쓸 것인가

쓰고 싶은 글을 써라. 혹자는 너무나 당연한 말에 식상해 할지도 모른다. 그런 사람에게는 한번 물어보고 싶다. 그대는 지금까지 쓰고 싶은 글을 더 많이 쓰면서 살아왔는가, 아니면 쓰기 싫은 글을 더 많이 쓰면서 살아왔는가. 대부분의 사람들은 리포트, 독촉장, 공문서, 보고서 따위의 형식적인 글쓰기에 더 많은 시간을 할애하면서 살아간다.

하지만 여기서는 리포트나 독촉장이나 공문서나 보고서 따위처럼 형식적인 글은 다루지 않겠다. 행여 그대가 그런 류의 글을 쓰는 방법을 알고 싶어 이 책을 집어들었다면 죄송하다. 하지만 이 책을 읽고 나면 리포트, 독촉장, 공문서, 보고서의 질도 훨씬 향상된다. 이 한 가지 분명한 사실을 믿고 끝까지 읽어주기 바란다.

글은 충동과 의욕에 의해서 쓰여지는 것이다. 그리고 충동과 의욕은 외부로부터의 자극에 의해서 고개를 처드는 성질을 가지고 있다.

그러나 외부로부터의 자극도 사물들을 일상적이고 습관적으로 바라보는 사람들에게는 별다른 의미로 다가오지 않는다. 당연히 충동과 의욕도 미약할 수밖에 없다. 특히 사물을 대하는 감각이 둔감한 사람들은 언어에 대한 감각도 둔감할 수밖에 없다. 그래서 글을 쓰는 일에도 글을 읽는 일에도 무관심한 태도를 보일 수밖에 없다.

하지만 그대가 감각이 둔감한 사람이라도 실망하지 말라. 이목구비, 오장육부, 사대육신 어느 쪽이라도 구비하고 있다면 얼마든지 둔감한 감각을 예민한 감각으로 되돌릴 수 있는 방법이 있다.

장님은 외부의 사물을 눈으로 감지하지 않고 온몸으로 감지한다. 글쓰기는 장님이 외부의 사물을 온몸으로 감지하면서 외나무다리를 건너가는 행위와 흡사하다. 모든 촉수를 곤두세우고 사물들이 간직하고 있는 진실을 탐지하는 습관을 기르라.

어떻게 쓸 것인가

　진실하게 써라. 글쓰기에는 무엇보다도 진실이 중요하다. 아무리 뛰어난 재담가라도 자신이 감동받지 않은 소재로 타인을 감동시킬 수는 없다. 먼저 닫혀 있는 그대의 가슴부터 열어라. 진실은 머릿속에 있는 것이 아니라 가슴속에 있는 것이다. 감동도 머리로 받아들이는 것이 아니라 가슴으로 받아들이는 것이다. 머리로 쓰지 말고 가슴으로 써라.

누가 읽어줄 것인가

　제일 먼저 그대가 그대의 글을 읽게 된다. 그러나 그대는 그것으로 만족하지 못할 것이다. 그대가 쓴 글이 일기이거나 낙서가 아니라면 최소한 그대의 측근들만이라도 그대의 글을 읽어주기를 바랄 것이다. 물론 감동까지 받는다면 그대는 적지 않은 기쁨을 느낄 수가 있을 것이다.
　작가적 이중성이라는 것이 있다. 겉으로는 진정한 독자가 한 명만 있어도 자기는 글을 쓰겠노라고 말하면서 속으로는 전 인류가 자신의 글을 읽고 극찬해 주기를 바라는 것이 바로 작가적 이중성이다.
　아무도 감동받지 못하는 글이라면 가치 면에서는 차라리 백지가 더 나을지도 모른다. 전 인류는 아니더라도 전 국민이 그대의 글을 읽고 극찬해줄 수 있다면 얼마나 좋으랴. 그러나 글에서도 욕심은 금물이다.

우리는 매일 밥을 먹는다. 자기 집에서 밥을 먹는 사람들도 많겠지만 식당에서 밥을 먹는 사람들도 적지 않다. 그대가 만약 식당에서 밥을 먹어야 한다면 어떤 식당에서 밥을 먹겠는가. 당연히 맛있는 식당에서 밥을 먹을 것이다.

그런데 어떤 식당은 개업한 지 한 달도 안 되어 문 닫아버리고 어떤 식당은 몇십 년이 지나도록 천객만래(千客萬來)로 문전성시를 이룬다. 글에 비유하면 해를 거듭할수록 고정독자가 늘어나는 격이다. 주인도 대를 물려가면서 식당을 운영하고 손님들도 대를 물려가면서 식당을 드나든다.

그러나 일반적으로 식당밥은 한 달만 먹어도 질리는 경우가 많다. 그런데 집밥은 평생을 먹어도 질리지 않는다. 무슨 조화일까.

대답은 간단하다. 조화의 묘는 애정에 있다. 손님을 애정의 대상으로 생각하는 주인은 대를 물려가면서 식당을 해도 망하지 않고 손님을 돈벌이의 대상으로 생각하는 주인은 한 달도 못 가서 문을 닫아버릴 가능성이 농후하다.

집밥은 가족에 대한 애정이 가미되어 있기 때문에 평생을 먹어도 질리지 않는다. 그러나 식당밥은 집밥에 비하면 애정이 결핍되어 있다. 음식은 애정이 결핍되어 있을수록 맛대가리가 없기 마련이다. 어떤 식당은 주인이 직접 음식을 만들지 않고 주방장이 음식을 만든다. 하지만 주인의 마음은 주방장의 손끝으로 전이된다. 음식점 주인은 손님이 줄어들면 주방장의 실력을 의심하기 전에 손님에 대한 자신의 애정부터 점검해 보아야 한다.

나는 가급적이면 터미널 부근에서는 밥을 먹지 않는다. 내 경험에 의하면 터미널 부근에는 음식을 맛있게 하는 식당이 흔치 않다. 주인이 뜨내기들을 상대한다고 생각하기 때문에 음식에 정성을 다하지 않을 공산이 짙다. 당연히 단골이 없다. 글에 비유하면 어쩌다 읽어주는 뜨내기 독자는 있어도 고정독자는 없는 격이다.

물론 아무리 위대한 작가라도 쓸 때마다 불후의 명작이 나오지는 않는다. 그러나 그대가 만약 작가로 성공한다고는 하더라도 한평생 데뷔작이 대표작인 채로 살아가는 작가로 전락하지는 말아야 하지 않겠는가.

글이 밥을 먹여주는가

　물론 밥도 먹여준다. 그러나 '많은 사람들을 감동시킬 수 있는 글을 쓴다면'이라는 단서가 붙는다. 지금도 세상에는 자녀들이 예술을 지망하겠다는 포부를 밝히면 질겁을 하는 부모들이 있다. 하지만 세상은 변하고 있다. 예전에는 운동선수, 연예인, 바둑기사가 지금처럼 세인들의 추앙을 받는 존재들이 아니었다. 대부분 생활도 궁핍했다.
　그런데 지금은 기량이 뛰어난 운동선수가 거액의 연봉을 받고, 기량이 뛰어난 바둑기사가 거액의 상금을 타고, 기량이 뛰어난 연예인이 거액의 출연료를 받는다. 거리에 나타나면 사람들이 벌떼처럼 몰려와 사인을 해달라고 아우성을 치기도 한다. 그래서 부모들은 자녀들을 데리고 어린이 야구교실이나 어린이 바둑교실이나 어린이 연기학원을 뻔질나게 드나든다.

하지만 박찬호가 오로지 연봉에 대한 욕심으로 야구에 전념하고, 이창호가 오로지 상금에 대한 욕심으로 바둑에 전념하고, 서태지가 오로지 출연료에 대한 욕심으로 음악에 전념했을까. 나는 그렇지 않다고 단언한다.

박찬호는 연봉보다는 야구 자체에, 이창호는 상금보다는 바둑 자체에, 서태지는 출연료보다는 음악 자체에 남다른 애정을 가지고 있었을 것이라고 확신한다. 어떤 분야에서 성공한 사람들의 공통점은 자신이 하고 있는 일에 대해 남다른 애정을 가지고 있다는 점이다. 그들은 모두 기량이 뛰어나다. 그리고 어떤 분야에서건 뛰어난 기량은 자신이 선택한 일에 남다른 애정을 쏟아 부어야만 얻어질 수 있는 선물이다. 그 선물을 신이 주었다고 생각지 말라. 그렇게 생각하는 것은 자신이 선택한 일에 남다른 애정을 간직하고 있는 사람들에 대한 모독이다.

따라서 그들이 선택한 일들은 그들에게 있어서 밥을 먹는 것 이상으로 거룩한 의미와 가치를 지닌다. 그대가 고작 밥을 먹기 위해서 글을 선택했다면 단언컨대 그대는 밥조차 먹기 힘든 신세로 전락할 가능성이 농후하다. 그대의 의식을 밥에 대한 집착으로 가득 채우지 말고 그대의 의식을 글에 대한 애정으로 가득 채우라.

비결이 있는가

비결은 하나뿐이다. 나는 앞에서 몇 번이나 사물에 대한 애정을 강조했다. 사물에 대한 애정은 글쓰기의 기본에 해당한다. 모든 기술은 대상에 대한 애정에서 비롯된다. 축구에 대한 애정이 없는 축구선수는 경기장에서 관중들에게 박수를 받을 가능성이 희박하다. 극단적으로 말하면 그는 볼보이의 자격조차도 없는 사람이다.

디즈니는 무명시절 골방에 갇혀 혼자 그림을 그렸다. 그때 자주 새앙쥐 한 마리가 나타나 낡은 빵을 씹는 모습을 흘깃거리곤 했다. 디즈니는 녀석에게 낡은 빵을 뜯어서 조금씩 던져주었다. 그러면서 새앙쥐에게 특별한 애정을 느끼기 시작했다.

만약 디즈니가 새앙쥐를 거부감이나 혐오감으로만 대했다면 디즈니는 평생을 무명으로 지냈을 것이며 우리는 미키마우스를 만나지도 못했을 것이다.

그대가 진실로 남을 감동시킬 수 있는 글을 쓰고 싶다면 먼저 사물에 대한 거부감이나 혐오감부터 몰아내 버려라. 설사 그대가 길을 가다 개똥을 밟았더라도 개똥에게 거부감을 느끼거나 혐오감을 느껴서는 안 된다. 개똥의 입장이 되어서 생각하라. 개똥은 다리가 없기 때문에 피하지 못했고 그대는 다리가 있는데도 피하지 못했다. 그대 마음 바깥에 존재하는 그 어떤 사물도 그대에 대한 거부감이나 혐오감을 가지고 있지 않다. 그대가 그것들에게 애정의 눈길을 주는 순간 그것들도 그대에게 애정의 눈길을 준다.

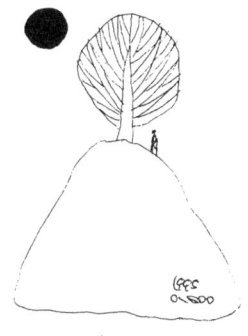

## 그대의 목표는 무엇인가

그대가 어떤 장르를 선택하든지 그대가 도달할 수 있는 최상의 경지는 예술이다. 하지만 세인들은 흔히 예술의 길은 멀고도 험하다는 말을 자주 입에 올린다. 허튼소리가 아니다. 모든 예술의 길은 비포장이다. 때로는 세인들에게 미친놈 소리를 들어가면서 때로는 지독한 외로움에 치를 떨면서 때로는 사막을 맨발로 걷거나 때로는 가시덤불을 알몸으로 헤치고 예술이 그대를 굳게 끌어안을 때까지 혼자 공복으로 걸어가야 한다. 자신있는가.

하지만 처음부터 예술이라는 거창한 목표를 설정할 필요는 없다. 문인이 되지는 못하더라도 소박하게 자신의 생각이나 마음을 글로 정리해 보고 싶다는 목표라도 상관이 없다. 다만 그대의 발전에 따라 목표를 수정할 필요성을 느낄 때는 망설이지 말고 목표를 수정하라. 자신도 모르는 사이 그대가 예술의 길로 접어들지도 모른다.

그때는 그대가 예술을 선택한 것이 아니라 예술이 그대를 선택한 것이다.

그러니 지금은 소박한 미래일기를 쓰기로 하자. 미래일기는 자기 영혼과의 약속에 해당한다. 자기 영혼과의 약속은 의외로 엄청난 힘을 발휘한다. 그대가 앞으로 힘겨운 상황에 처해 있을 때마다 그대를 굳건히 일어서게 만드는 힘이 되어줄 것이다.

비록 그대가 쓰는 글이 모순투성이의 세상을 통째로 뒤엎을 수는 없다고 하더라도 그대가 쓰는 글이 언젠가는 한 그루 짙푸른 나무이거나 또는 청량한 샘물 한 모금으로 존재했으면 좋겠다는 소망을 가지자.

아래 예문들은 내가 문학연수를 주관할 때 연수생들이 작성한 미래일기다. 어느 미래에 그들의 소망이 반드시 이루어지기를 비는 마음으로 여기 그것들을 예문으로 수록한다.

잘 쓰는 글을 쓰기보다는 유일한 글을 쓰고 싶다. - 이경진
타인의 고통을 끌어안는 글을 쓰고 싶다. - 김혜성
내 글을 읽는 사람이 그때까지 가졌던 나쁜 마음이나 행동들을 좀 더 따뜻하게 승화될 수 있는 글을 쓰고 싶다. - 서혁준
내 딸에게 보여줄 수 있는 좋은 글을 쓰고 싶다. 시집갈 때 선물로 주고 싶다. - 송영모
늙어서까지 오래오래 글을 쓰면서, 살고 싶다. - 김태우
어머니를 위해 드라마를 쓰고 싶다. 내 드라마가 방영할 때는 거리에 차가 다니지 않게 만들고 싶다. - 김자영

글 쓰는 일을 막연하게 생각해 왔다. 지금 나는 교보문고에 내 책이 깔려 있는 것을 꼭 한 번 보고 싶다. 내 책을 몰래 한 권 사들고 나오고 싶다. - 이지현

나는 환하게 밝은 것만을 좋아하고 어둡고 나쁜 것을 못 참는 사람이었다. 어둡고 나쁜 것을 없애는 사람이 되고 싶었다. 그런데 지금은 그것을 없애는 것이 아니라 환하고 밝은 것들과 조화를 할 수 있게 만드는 사람이 되고 싶다. 그것을 글을 통해 이룰 수 있으면 좋겠다. 아직 막연하지만 결국은 믿고 가고 싶다. 조급증을 버리고 싶다. - 설은영

세상에 소망이 있다는 것을 알려주고 싶다. - 이은경

나에게 글쓰기라는 것은 잘할 수 있는 것이 아니었다. 내가 하고 싶은 것이었다. 지금 무언가를 이루려고 한다기보다 늙어서도 글을 쓰고 있는 사람이 되고 싶다. - 김령선

나는 나 자신을 싫다고 생각해 왔다. 심한 열등감에 시달려 왔다. 글을 열심히 쓰면서 나 자신이 조금 좋아졌다. 구원받았다고 생각하면 과장일지 모르지만 나는 글을 쓰고 있을 때면 행복해진다. 그래서 쓰는 것이고 앞으로도 그럴 것이다. - 이슬

최선을 다해 후회가 없도록 쓰고 싶다. 매순간. - 설근영

글을 통해 나 자신이 더 착해지고 맑아지고 내 인생을 가꾸겠다. 그것을 읽는 자의 인생도 더 선해지고 맑아졌으면 좋겠다.

- 박영진

전 세계가 내 작품을 읽고 숨도 못 쉴 정도로 웃고 따뜻해졌으면 좋겠다. - 임주하

혼이 있는 글을 쓰고 싶다. 글이 내 인생을 바꿀 수 있는 도구였으면 좋겠다. - 염은진

진실한 글을 써보고 싶은 게 내 꿈이다. - 권순정

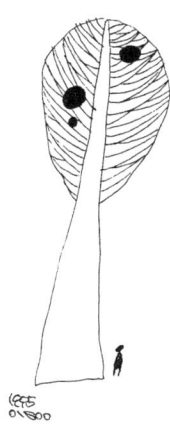

심안과 영안으로 세상을 바라보라

　오늘날의 인간들은 배우자를 고를 때 너무도 많은 조건들을 염두에 둔다. 외모는 출중한가. 가문은 어떠한가. 키는 몇 센티미터인가. 어떤 직업에 종사하는가. 수입은 어느 정도인가. 한마디로 배우자의 인격은 뒷전이다. 내면보다는 외형을 중시하고 정신보다는 물질을 중시한다. 그러나 조건에 의해 형성된 인간관계는 조건이 사라지면 쉽게 와해되어 버리는 특성을 가지고 있다. 이는 대부분의 인간들이 육안과 뇌안에 사로잡혀 있다는 증거다.
　하지만 글을 쓰는 사람은 가급적이면 육안과 뇌안의 범주를 탈피해야 한다. 육안과 뇌안은 현상을 보는 눈이고 심안과 영안은 본성을 보는 눈이다. 육안과 뇌안에 의존해서 글을 쓰면 다변화하는 현상에 따라 글의 생명이 짧아질 수밖에 없다. 그대의 글이 오래도록 생명을 유지하기를 바란다면 심안과 영안으로 세상을 바라보라.

그대의 눈에는 어떤 사물이 하찮아 보이는가.

그대의 눈에는 어떤 인간이 하찮아 보이는가.

그대의 눈에는 어떤 사물이 추악해 보이는가.

그대의 눈에는 어떤 인간이 추악해 보이는가.

그대는 그것들에게서 아름다움을 발견하기 위해 어떤 노력을 기울여본 적이 있는가. 없다면 그대 자신을 먼저 혐오하거나 증오해야 한다. 그대가 눈으로 보고 사실로 여기는 것들이 반드시 사실이 아니라면 글을 쓰는 자로서의 사물과 인간에 대한 그대의 편견은 일종의 죄악이다.

# 문장의 적용

글은 문인의 전유물이 아니다.

오늘날은 생활 전반에 걸쳐서 글이 필수적인 요소로 부각되고 있다. 텔레비전의 모든 프로가 글을 필요로 하고 컴퓨터의 모든 사이트가 글을 필요로 한다.

모든 광고에는 대본이 있어야 한다. 하다못해 케이블TV의 족발집 광고에도 대본이 있어야 하고 지하철에서 구걸을 해먹더라도 대본이 있어야 한다. 당연히 대본에 따라 수익도 현저하게 달라진다. 어떤 분야에서건 글을 등한시하면 자연히 경쟁에서 도태되는 신세로 전락한다.

요즘은 연하장이나 청첩장에도 고답적이고 형식적인 표현은 쓰지 않는 추세다. 가급적이면 상대방의 기분을 고양시키면서 자신도 선명하게 각인시킬 수 있는 문장들을 만들어쓰는 추세다.

오늘날의 젊은이들은 거의가 휴대폰을 소지하고 다닌다. 그래서 연애편지를 쓰지 않는다. 그 대신 문자를 보낸다. 언변이 없어서 여자를 가까이 하기 힘들다면 문자라도 멋들어지게 만들어 보낼 수 있어야 한다.

글을 통해서 상대방의 피부에 자극을 줄 수는 없어도 글을 통해서 상대방의 마음에 자극을 줄 수는 있다. 글을 통해서 글쓴이의 외모를 알아낼 수는 없어도 글을 통해서 글쓴이의 마음은 알아낼 수가 있다.

아래 생활 속에서 발견한 글들을 소개한다.

어떤 인격을 가진 사람들이 어떤 마음으로 쓴 글인가를 간파해 보자.

### 초보운전

초보운전자들이 자동차 뒷유리에 부착하고 다니는 문구들이다. 짤막한 문장 하나가 교통사고를 방지하는 효과와 운전미숙을 너그럽게 용서하도록 만드는 효과를 거두기도 한다.

계란이 타고 있어요

(소형 계란 판매차량 뒷면에 부착되어 있었다. 소시민의 애환을 애교로 환치시켜 난폭한 접근을 삼가해 달라는 뜻을 전달하고 있다.)

세 시간째 직진 중

(초보일 때 비슷한 경험을 가진 운전자들이 많을 것이다. 동정심과

보호본능을 유발시킨다.)

삼대독자 운전 중. 마누라는 임신 중
(사고시 비극의 크기가 다르다는 사실을 암시하고 있다.)

밥은 하고 나왔어요
(분명히 여자 운전자다. 실수를 저지르면 남자 운전자들이, 여자가 집에서 밥이나 하고 있지 무슨 운전이냐 라고 힐난할 것을 염두에 두고 부착한 문구다.)

삼천리 금수강산, 무엇이 급하리
(풍류적인 여유를 보이면서 서두르는 사람을 무색하게 만든다.)

이 글씨가 보이면 부딪칩니다
(설명이 필요없다. 접근했던 사람이 이 글씨를 보면 저절로 속도를 낮추게 될 것이다.)

운전은 초보, 성질은 람보
(사고를 유발시키면 폭력도 불사하겠다는 의지가 내포되어 있다.)

선배님들 존경합니다
(이렇게 나오면 한국 사람들은 실수를 해도 크게 화를 내지 못한다.)

## 화장실

**조준 잘하면 명문대 합격**
(어느 고등학교 화장실에 붙어 있는 문구다. 고등학생들에게는 이만한 설득력을 가진 문구도 없을 것이다.)

**네 것은 권총이지 장총이 아니여. 바짝 다가서라 이놈아. 청소아줌마 백**
(청소아줌마의 호방한 성격이 잘 드러나 있다. 안 다가서면 봉걸레 자루로 물건을 부러뜨릴지도 모른다.)

**남자가 흘리지 말아야 할 것은 눈물만이 아닙니다**
(역시 정조준을 권장하는 문구.)

**소변기에 똥 누는 놈에게**
사람이 사람답기 위해서는 격(格), 예절이 필요하다. 똥의 굵기로 보아 나는 네가 어린아이가 아니라고 생각한다. 물론 급한 사정을 나라고 경험하지 못한 것은 아니지만, 오늘로 세 번째임에야 내 도저히 안 되겠다 싶어 훈계한다. 내가 옆 대변기를 잠근 이유는, 대변기에서 20여 개의 주사기가 나왔기 때문이다. 그마저도 너의 소행으로 몰면 너무 억울하겠지만, 그렇지 않다는 증거도 없기에 나는 네가 약에 취해 그 지랄을 한다고 생각한다. 이제 너는 소명할 기회조차도 잃어버린 것이다. 좁은 공간, 자세도 나오지 않는 데서 큰일을 치르는 네가 불쌍하다는 생각도 들지만 세 번이나 그렇게 한다는 너의 뚝심에, 아니 너의 엉덩이 괄약근에 삼가 건강을 바라노라. 목욕 가서 엉덩이 박박 닦거라. 너 일 보며, 분명히 소변기 밑 튀어나온 부분이 닿지 않을 수 없었을 것, 그 엉덩이로 추석에 차례는 지낼 수 없을 거다. 다시 한번 너의 격(格)이, 좀 올라가기를 기원한다. 화장실 관리인 백.

(그야말로 화장실 관리인의 드높은 격이 느껴지는 경고문이다. 이 경고문을 보고도 소변기에 똥을 누는 놈이라면 가축에 가깝다.)


## 급훈

네 성적에 잠이 오냐.

대학 가서 미팅할래 공장 가서 미싱할래.

포기란 배추를 셀 때나 필요한 말이지.

잠에게 지면 그 자리에서 꿈이나 꾸게 되지만 잠에게 이기면 머지않아 꿈을 이루게 된다.

한숨 자는 오늘, 한숨 쉬는 내일.

(담임들의 성격이 그대로 드러난다. 교실 풍경도 눈에 선하다. 급훈들은 한결같이 성적을 중시하는 성향을 내포하고 있다. 어떤 급훈은 협박에 가깝다. 수업시간에 잠을 자는 학생들이 많은 모양이다. 네 성적에 잠이 오냐. 잠이 확 달아나게 만드는 급훈이다. 그걸 보고도 잠이 쏟아지면 정말로 공장 가서 미싱을 해야 하나?)

# 글쓰기의 실제

　작전 없이 주요 경기에 임하는 운동선수는 패배를 초래할 가능성이 짙다. 하다못해 연습 경기를 하더라도 작전이 필요하다. 글쓰기에도 작전이 필요한데 이를 구상이라고 한다.
　짧막한 글이라면 누구나 구상의 과정을 거치지 않고도 제법 짜임새 있는 표현을 해낼 수가 있다. 그러나 긴 글은 제법 필력이 있다고 자부하는 사람이라도 구상의 과정을 거치지 않으면 짜임새가 허술해지거나 주제가 모호해지기 십상이다. 횡설수설로 일관되어 있거나 용두사미 격인 글들은 대개 구상을 무시하고 쓰여진 글들이다.

# 어떤 글을 어떻게
## 쓸 것인가를 구상한다

뼈대를 만드는 과정이다. 어떤 글을 어느 정도의 분량으로 시작해서 어떤 방식으로 끝맺겠다는 계획을 세운다. 기승전결의 대략적인 뼈대와 거기에 따른 분량도 이 과정에서 생각해 두어야 한다.

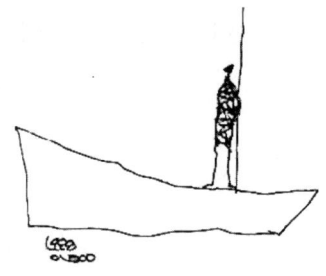

## 일단 구어체로 스케치한다

처음에는 스케치를 하는 기분으로 문장을 구사하라.

스케치의 단계는 정밀성을 요구하는 단계가 아니다. 초반에 전체적인 조화를 염두에 두고 대상의 형태와 특징을 화면에 가볍게 표현하는 단계다.

인물화를 그릴 때 스케치의 단계를 무시해 버리고 처음부터 이목구비를 하나하나 정밀하게 묘사해 가면서 그림을 완성하면 이상하게도 이목구비가 따로 노는 그림이 되고 만다. 심지어 어떤 부분은 다른 그림에서 오려다 놓은 듯한 느낌까지 불러일으킨다. 전체적인 조화를 무시하고 부분적인 완성에 주력했기 때문에 생기는 현상이다.

글쓰기에서도 스케치를 생략하면 전체적인 균형을 잃어버릴 우려가 있다. 특히 긴 글을 쓸 때는 반드시 스케치의 과정을 거칠 필요가 있다. 그림에서와 마찬가지로 정밀하게 묘사하겠다는 생각을 버려야 한다.

　스케치의 단계는 바둑에서 포석의 단계와 같다. 포석의 단계를 무시해 버리고 다짜고짜 전투를 감행하면 대부분 하수로 간주해도 무방하다.

　스케치는 친한 친구에게 말하듯이 구어체로 거침없이 써내려 가는 것이 효율적이다. 가급적이면 정치법에 의거한 단문을 사용하자. 이 단계에서 간혹 헛소리를 늘어놓는 경우도 있다. 그러나 신경 쓸 필요가 없다. 나중에 고치면 된다고 생각하고 결말에 이를 때까지 가벼운 마음으로 써내려 가도록 하라.

　스케치 단계에서는 의식을 경직시키지 말아야 한다. 처음부터 의식을 경직시키고 명문을 만들어나가면 초반부터 기력이 소진해 버린다. 아무리 수정을 해보아도 어딘지 모르게 불만족스럽기 마련이어서 마무리를 짓지 못하고 탈진해 버릴 우려가 있다. 두문불출하고 날마다 열심히 원고지와 씨름하면서도 작품을 완성시키지 못하는 사람들이 있다. 바로 스케치 단계에서 문장마다 완전성을 시도하면서 글을 쓰는 습관을 가진 사람들이다. 일단 습관이 되어버리면 고치기 힘든 악습이다.

　결말에 도달한 다음에는 전체적으로 세심하게 읽어본 다음 필요 없는 부분을 찾아내어 삭제해 버리고 첨가할 내용이 있으면 첨가한다. 이 단계에서는 기승전결에 맞게 문장을 적절하게 배치하는 일도 중요하다.

　그러나 이러한 글쓰기는 시간을 많이 잡아먹는 단점을 가지고 있다. 그래서 권장하고 싶지 않은 대상들이 있다. 바로 논술고사를 치르는 입시생들이다. 하지만 논술고사를 치르기 전에 이러한 글쓰기에 익숙해지면 스케치 단계를 생략하고도 완성도가 높은 글을 쓸 수가 있을 것이다.

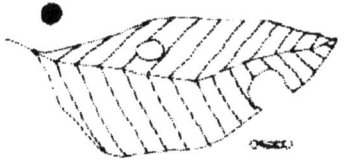

문어체로 바꾼다

가을이었어. 은행잎들이 노랗게 물들어 있었어. 이따금 서늘한 바람이 지나갔어. 그때마다 은행잎이 흩날렸어. 플라타너스 이파리들은 이미 져버린 상태였어. 노인들이 공원을 배회하고 있었어. 쓸쓸해 보였지. 며칠간 날씨가 청명했어. 천고마비지절. 하늘이 높아 보였어.

위 예문은 이외수의 『벽오금학도』라는 소설의 첫부분을 구어체로 스케치한 것이다. 구어체로 스케치를 하면 의식이 경직되지 않은 상태로 경쾌한 속도를 유지하면서 글의 윤곽을 잡아나갈 수가 있다. 이것을 문어체로 바꾸는 데는 별다른 어려움이 따르지 않는다.

가을이었다. 은행잎들이 노랗게 물들어 있었다. 이따금 서늘한 바람이 지나갔다. 그때마다 은행잎이 흩날렸다. 플라타너스 이파리들은 이미 져버린 상태였다. 노인들이 공원을 배회하고 있었다. 쓸쓸해 보였다. 며칠간 날씨가 청명했다. 천고마비지절. 하늘이 높아 보였다.

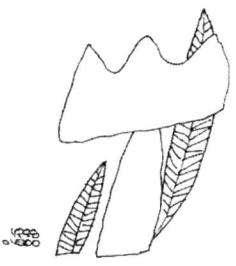

# 수식어(修飾語)나 수사법(修辭法)을 사용해서 문장을 다듬는다

문장을 꾸미는 말을 수식어라고 한다. 수사법도 마찬가지다. 문장을 아름답게 꾸미는 방법을 말한다.

앞 단락의 예문을 가져와 수식어나 수사법으로 문장을 다듬어보았다. 어떤 부분이 어떻게 달라졌는가를 눈여겨 살펴보자.

가을이 당도해 있었다. 은행잎들이 노랗게 물들어 있었다. 이따금 서늘한 바람이 스치고 지나갔다. 그때마다 은행나무들이 순금빛 해의 비늘들을 눈부시게 털어내고 있었다. 플라타너스 이파리들은 이미 녹물이 들어 오그라든 채로 땅바닥에 나뒹굴고 있었다. 노인들이 기울어진 시간 속을 걸어와 가을 유배자들처럼 쓸쓸히 공원을 배회하고 있었다. 며칠간 청명한 날씨가 계속되고 있었다.

하늘이 높아져 있었다. 높아진 하늘 변두리로 새털구름 몇 자락도 가벼이 떠 있었다.

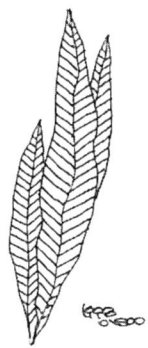

# 세련된 문장 만들기

**삭제하기**

아무리 보아도 어색한 문장이 있다. 그러나 글쓴이는 그 문장을 버리기가 아깝다. 그래서 수십 번을 고친다. 그래도 어딘지 모르게 어색한 느낌을 준다. 흔히 멋을 부린 문장에서 자주 나타나는 현상이다. 원인은 무엇이며 해결책은 무엇일까. 간단하다. 글 전체가 그 문장을 거부하기 때문에 일어나는 현상이다. 과감하게 삭제해 버리면 무난하게 해결된다.

## 절단하기

　태어나자마자 용인의 한 고아원에서 버려진 저는 그곳에서 고등학교까지를 마치는 동안 이렇게 세상만사에 무관심한 사람이 되고 말았습니다.

　연수생이 작성한 글이다. 특별히 멋을 부린 부분도 없는데 어딘지 문장이 어색한 느낌을 준다. 예문 속에는 세 가지의 중요한 사실이 내포되어 있다.

　태어나자마자 용인의 한 고아원에 버려졌다는 사실. 그곳에서 고등학교까지를 마쳤다는 사실. 그러는 동안 세상만사에 무관심한 사람이 되고 말았다는 사실.

　이 세 가지 사실을 한 문장 안에 모두 구겨넣었기 때문에 글쓴이의 의도가 모호해져 버리고 말았다. 이 세 가지 사실을 각각 한 문장으로 독립시켜 정리해 보자.

　저는 태어나자마자 용인의 한 고아원에 버려졌습니다. 그곳에서 고등학교까지를 마쳤지요. 그러는 동안 이렇게 세상만사에 무관심한 사람이 되고 말았습니다.

## 수식하기

　적절한 수식어는 문장에 설득력과 생명력을 부여해 주지만 남발하면 오히려 역효과를 가져오기도 한다. 참기름을 넣었으면 그만이지 또 들기름을 치는 이유가 무엇인가. 한 문장에 같은 성분을 가진 수식어를 연달아 쓰면 반드시 문장이 어색해진다.

　호수 건너편에 관광객을 위한 지붕이 빨간 아담한 방갈로가 지어졌다.

　위 문장에서 수식어를 모두 제거하면 '호수 건너편에 방갈로가 지어졌다'가 된다. 그런데 방갈로를 수식하는 단어들, 관광객을 위한, 지붕이 빨간, 아담한, 등을 연달아 남발해서 문장이 어색해졌다. 이럴 때는 수식어별로 문장을 절단해 주어야 한다.

　호수 건너편에 관광객을 위한 방갈로가 지어졌다. 지붕이 빨간 색이었다. 아담해 보였다.

　얼마나 간명한가. 수식어를 많이 쓸수록 유식해 보인다는 생각도 버리고 수식어를 많이 쓸수록 아름다운 문장이 된다는 생각도 버려라. 그런 생각들이 가식을 불러들인다.

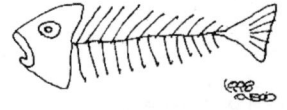

# 수사법

　수사법을 가장 적절하고도 다양하게 활용한 문장을 보고 싶다면 지상 최대의 베스트셀러로 알려져 있는 성경을 읽으라. 성경은 가장 다양한 수사적 표현들을 소장하고 있다. 한마디로 수사법의 표본실이다.

　그러나 우리의 고전소설들도 만만치 않다. 기막힌 수사법들이 도처에서 빛을 발한다. 개성 있는 문체와 격조 있는 화법을 구사하고 싶다면 필수적으로 수사법을 익혀라.

　수사법은 표현 방법에 따라 크게 비유법(比喩法), 강조법(强調法), 변화법(變化法), 세 가지로 나눈다. 전부 예문을 들어가면서 열거하자면 시간과 지면이 모자랄 정도로 다양하다. 여기서는 기본적이면서도 필수적인 수사법의 요점들만 다루겠다.

**비유법**은 표현하고자 하는 대상을 다른 대상에 빗대어 표현하는 방법이다.

직유법, 은유법, 활유법, 대유법 등이 이에 속한다.

**강조법**은 표현하고자 하는 내용을 뚜렷하게 만들어 읽는 이에게 짙은 인상을 남기고자 할 때 쓰인다.

**과장법**, 반복법, 점층법 등이 이에 속한다.

**변화법**은 단조로움을 피하고 문장에 생기 있는 변화를 주고자 할 때 쓰인다.

설의법, 돈호법, 대구법 등이 이에 속한다.

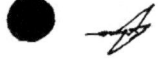

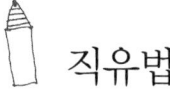 직유법

어떤 사물이나 개념의 유사성을 토대로 처럼, 같이, 듯이, 인 양 등의 조사를 붙여서 표현한다. 먼저 대표속성으로 유사성을 찾아서 비유하면 직유법을 적절하게 활용하는 데 도움이 된다.

## | 속성의 적용

거북이의 대표속성은 '느리다'와 '오래 산다'이다. 그래서 '거북이처럼 느리다'라는 표현과 '거북이처럼 오래 산다'는 표현을 쓴다. 깃털의 기본속성은 '가볍다'와 '부드럽다'이다. 그래서 '깃털처럼 가볍다'라는 표현을 쓰거나 '깃털처럼 부드럽다'는 표현을 쓴다.

그러나 남들이 흔히 쓰는 표현은 별다른 효과를 나타내지 못한다.

가급적이면 신선하고 독창적인 표현이 아니라면 굳이 수사법을 활용할 필요가 없다. 문장에 겉멋이 들린 사람일수록 수사법을 남용하기 십상이지만 적절치 못한 표현일 경우에는 읽는 이로 하여금 거부감을 느끼게 만든다.

거북이처럼 머뭇거린다.
깃털처럼 높이 날아오른다.

위의 문장들은 문법적으로 틀린 부분은 없지만 직유법을 적절하게 활용한 문장들이 아니다. 어느 광고 카피처럼 2퍼센트가 부족하다. 어딘지 모르게 어색한 일면을 가지고 있다. 거북이의 대표속성이 '머뭇거리다'가 아니고 깃털의 대표속성이 '높이 날아오르다'가 아니기 때문이다.

'거북이처럼 머뭇거린다' 앞에 '방향감각을 상실한'이라는 단서가 붙어야 적절해지고 '깃털처럼 높이 날아오른다'는 '높이'라는 부사어를 '가볍게'라는 부사어로 바꾸어야 적절해진다.

## | 직유법을 겉멋으로 구사하지 말라

얼치기 작가 지망생들이 대개 자신의 문학성을 돋보이게 만들 목적으로 직유법을 남발하는 성향이 있다. 그러나 직유법도 기본을 모르고 구사하면 안 쓰느니만 못한 결과를 초래하게 된다.

아래 문장들은 모두 부적절한 직유법을 구사하고 있다. 어떤 부분이 부적절하고 어떻게 고쳐야 적절해질까를 고찰해 보자.

살얼음처럼 싸늘한 방바닥.
녀석은 바람같이 다급하게 내달았다.
그녀는 칼날처럼 단호한 목소리로 내 부탁을 거절해 버렸다.

일견 그럴듯한 문장처럼 보이지만 부적절한 부분들이 눈에 뜨인다. 의미만 전달하면 된다는 생각을 버려라. 모르스 부호만으로도 의미는 전달된다. 우리는 지금 기호를 나열하는 방법을 공부하는 것이 아니라 적절한 문장을 구사하는 방법을 배우는 것이다.

'살얼음처럼 싸늘한 방바닥'은 어디가 부적절한가.
글쓴이는 싸늘한 방바닥을 실감 있게 표현하기 위해서 직유법을 활용했다. 그러나 살얼음의 대표속성은 싸늘함이 아니라 위태로움이다. '빙판처럼 싸늘한 방바닥'이나 '얼음장처럼 싸늘한 방바닥'이라고 표현해야 마땅하다.

'녀석은 바람같이 다급하게 내달았다.' 역시 대표속성을 무시해 버리고 직유적 표현으로 겉멋만 부린 문장이다. 바람의 대표속성은 '다급하다'가 아니다. '다급하게'를 삭제해 버려야 표현이 적절해진다. 그러나 표현의 핵심이 '다급하게'라면 '바람같이'를 삭제해 버려야한다. '녀석은 바람같이 내달았다'라고 표현하든지 '녀석은 다급하게 내달았다'라고 표현해야 마땅하다.

'그녀는 칼날처럼 단호한 목소리로 내 부탁을 거절해 버렸다'는 어디가 잘못되었을까. 칼날은 '단호하다'는 느낌보다는 '예리하다'는 느낌이 먼저 부각된다. 먼저 부각되는 느낌을 직유법으로 활용해야 무리가 없다. 그냥 '그녀는 단호한 목소리로 내 부탁을 거절해 버렸다'라고 표현해도 충분하건만 굳이 '칼날처럼'이라는 장신구를 갖다 붙인 이유가 무엇일까. 역시 겉멋 때문이라고 판단하는 수밖에 없다.

다양한 수사를 구사하는 것보다 정확한 수사를 구사하는 것이 더 중요하다. 어설픈 수사를 구사한 문장은 차라리 죄악에 가깝다. 어설픈 수사법을 구사하느니 담백하고 정직한 문장을 구사하라. 그대가 문장을 꾸미고 싶을 때 수사가 그대를 도와줄 것이다. 그러나 어설픈 겉멋이 그대를 수렁에 빠뜨릴 우려가 있으니 각별히 주의하라.

# 은유법

시(詩)에 가장 많이 활용되는 수사법이다. 가장 철학적이고 문학적인 표현기법이다. 쓰는 이에게도 읽는 이에게도 얼마간의 사유(思惟)를 필요로 하는 수사법이다.

직유법이 유사성을 토대로 만들어지는 표현기법이라면 은유법은 전혀 유사성이 없는 사물이나 개념을 대비시켜 동일성을 느끼도록 만드는 표현기법이다. 예를 들자면 '내 마음은 황무지'라는 표현에서 '내 마음'과 '황무지'는 표면적으로 유사성을 발견하기 힘든 관계다. 그러나 글쓴이는 그 두 가지를 동일시하고 있다.

은유법은 표면적 유사성보다 내면적 동일성을 중시한다. 그래서 사유를 통해 찾아낸 의미를 전달할 때 매우 유용하게 쓰인다. 은유법이야말로 공중부양의 지름길이다.

## | 은유법의 두 가지 형식

문장의 형식으로 보면 은유법은 '무엇은 무엇이다'로 표현하는 방식과 '무엇은 무엇의 무엇이다'로 표현하는 방식이 있다.

　　교실은 감옥, 시험은 족쇄
　　선생은 간수, 학생은 죄수

모두 '무엇은 무엇이다'라는 형식으로 만들어진 문장들이다.

　　해파리는 바다의 방랑자
　　독수리는 하늘의 난폭자
　　대학은 거대한 지식의 영안실
　　사회는 암울한 백수의 유배지

모두 '무엇은 무엇의 무엇이다' 라는 형식으로 만들어진 문장들이다.

직유법이 음료수와 흡사하다면 은유법은 발효차와 흡사하다. 직유법은 문장을 경쾌하고 신선하게 만들어주고 은유법은 문장을 심오하고 운치 있게 만들어준다. 그러나 적절하게 활용할 경우에만 그러하다.
직유법과 은유법을 자유자재로 활용하고 싶다면 먼저 속성찾기와 본성찾기에 주력하라. 직유법은 속성에 근거를 두고 있고 은유법은 본성에 근거를 두고 있다. 우리가 앞에서 속성찾기와 본성찾기에 그토록 많은 지면을 할애한 이유가 바로 여기에 있다.

활유법(活喻法)과 의인법(擬人法)

그대는 글을 쓰는 순간부터 일체의 제약을 무너뜨리고 신적(神的) 영역을 넘나들 수 있는 존재가 된다. 활유법으로 팔다리가 없는 바위를 춤추게 만들 수도 있고 의인법으로 입이 없는 나무를 노래하게 만들 수도 있다. 그러나 명심하라. 선무당이 사람 잡는다. 섣부른 수사법의 남발은 글 전체를 망쳐 버릴 수도 있다.

| 활유법

무생물을 생물처럼 표현하는 기법이다.

날이 저물자 산그림자가 마을 쪽으로 성큼성큼 걸어오고 있었다.

바다가 허연 이빨을 드러내며 포효하고 있었다.

트럭이 숨을 가쁘게 헐떡거리면서 가파른 언덕을 기어오르고 있었다.

## | 의인법

사람이 아닌 것을 사람처럼 표현하는 기법이다.

전봇대가 밤새도록 치통을 앓고 있었다.

봄바람에 머리카락을 풀어 헤치고 둑길을 허청허청 걸어가는 수양버들.

내가 그 골목을 지나갈 때마다 잡종견 한 마리가 나타나서 구시렁거리는 목소리로 시비를 걸어오기 일쑤였다.

#  제유법(提喩法)과 대유법(代喻法)

사물의 일부로 자체나 전체를 대신해서 표현하면 제유법이고 사물의 속성으로 자체나 전체를 대신하면 대유법이다.

인간은 빵만으로는 살 수 없는 동물이다.

여기서 빵은 모든 음식물을 의미한다. 인간은 물질적 양식만으로 만족할 수 없는 존재이며 정신적 양식도 필요하다는 의미를 내포하고 있다. 제유법이다.

내가 십자가를 짊어지기로 했다.

고난을 감수하기로 작정했을 때 흔히 쓰는 말이다. 여기서 십자가는 모든 고난을 의미한다. 역시 제유법이다.

　너는 집안의 기둥이다.

　기둥은 건물 전체를 지탱한다. 기둥이 부실하면 건물은 허물어지고 만다. 이것이 기둥의 속성이다. 사물의 속성으로 자체나 전체를 대신했으니 대유법이다. 너는 집안의 기둥이라는 말 속에는, 너는 집안에서 기둥과 같은 존재이니 그 중요성을 자각하라는 의미가 내포되어 있다. 여기서의 기둥은 중요한 존재를 상징한다.

　이놈은 개털이고 저놈은 범털이야.

　개털은 흔해빠졌다. 요긴하게 쓰이지도 않는다. 반면에 범털은 구하기도 힘들지만 값도 비싸다. 그래서 개털은 빈곤한 사람이나 하찮은 존재를 상징하고 범털은 풍족한 사람이나 요긴한 존재를 상징한다. 역시 대유법이다.

과장법(誇張法)

어떤 사물이나 상태를 실제보다 훨씬 덜하게 표현하거나 훨씬 더 하게 표현하는 방법이다. 해학적인 표현이나 풍자적인 표현에 자주 쓰인다.

폭포 같은 눈물을 쏟아낸다.

아무리 슬픔이 복받쳐도 눈물이 폭포를 이루지는 않는다.

남산만 한 배를 앞세우고 버스에 오르는 여자.

남산만 한 배는 임산부를 표현할 때 자주 쓰인다. 하지만 실제 크기로 믿을 사람은 아무도 없을 것이다.

벼룩의 간을 빼먹을 놈.

빈곤한 사람에게 물질적 부담을 주거나 피해를 입힌 사람을 빗대어 벼룩의 간을 빼먹을 놈이라고 한다. 벼룩에게도 간이 있을까, 있다면 크기는 얼마나 될까. 그걸 빼먹을 놈이라면 내 간도 언젠가는 빼먹고야 말 것이다.

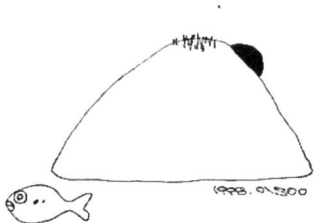

반복법(反復法)

같은 어구나 비슷한 어구를 되풀이하여 의미를 강조하는 표현기법이다.

쓰러지고 쓰러지고 또 쓰러지면서도 지금까지 굳세게 버티고 살아온 인생임다요.
보고 싶어요. 보고 싶어요. 보고 싶어요.
아무튼 그해는 울적했다. 봄에도 울적했고 여름에도 울적했고 가을에도 울적했고 겨울에도 울적했다.

특별히 학습하지 않아도 술에 취하면 저절로 터득되는 수사법이다. 경지에 이른 사람들은 대개 술이 깨면 자신이 반복법으로 동석한 사람들을 심하게 고문했다는 사실을 기억하지 못한다. 맨정신으로 문장을 구사할 때도 남발하면 읽는 이의 심기를 거북하게 만든다.

점층법(漸層法)

같거나 비슷한 어구를 겹치게 하여 점진적으로 문장을 강화시키고 읽는 이의 감흥 또한 점진적으로 고조시켜 절정으로 이끄는 표현기법이다.

쳐라, 쳐라, 죽도록 쳐라.
기침을 한다, 기침을 한다, 기침을 한다. 폐병을 앓으면서 겨울 밤에 끊임없이 나 홀로 기침을 한다.

읽는 이의 감흥을 고조시키려면 쓰는 이의 감흥도 고조되어야 한다. 쓰는 이가 느끼지 못하는 감흥을 읽는 이에게 기대하는 습성을 버려라.

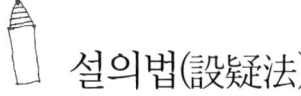 ## 설의법(設疑法)

질문의 형식을 가진다. 그러나 대답을 전제로 하지 않는 질문이다.

　번쩍거린다고 모두 금인가요.
　인간이 벼멸구도 아닌데 농약을 먹어서야 쓰겠냐.
　참새가 봉황의 뜻을 어찌 알겠습니까.

설득을 목적으로 할 때 자주 쓰이는 수사법이다. 질문이 합당한 이치를 내포하고 있어야만 효과를 거둘 수가 있다.

# 돈호법(頓呼法)

현존하지 않는 인물이나 어떤 추상적 대상을 마치 현존하는 듯이 부르는 표현기법이다.

신이시여, 저를 시험하실 필요성을 느끼신다면 제발 이쁜 여자를 보내서 시험하여 주소서.
낮술에 취해 울던 세월아, 비틀거리던 젊음아.
역사여, 저 극악무도한 독재자를 언제쯤 무덤 속에 파묻어버릴 것인지를 말해 다오.

그대가 글로써 불러내지 못할 대상은 없다. 어떤 대상이라도 불러내어 당부할 수도 있고 호통 칠 수도 있고 아부할 수도 있고 고백할 수도 있다. 그러나 될 수 있는 대로 읽는 이의 비위가 상하지 않는 방법으로 표현하라.

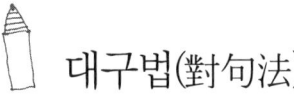# 대구법(對句法)

　앞문장과 뒷문장이 서로 짝을 이루도록 구성하는 표현기법을 대구법이라고 한다. 대구법은 대치법(對峙法), 균형법(均衡法)이라고도 한다.
　어조가 비슷한 문구를 앞뒤에 나란히 두어 문장의 변화와 안정감을 주는 표현기법이다. 앞뒤 내용이 서로 반대되는 대조법과는 다르다. 고대 가사(歌辭)나 한시에서 많이 볼 수 있는데, 특히 한시에서는 2개의 구가 같은 자수여야 하고 문법적 구성이 같으며 서로 대응하는 말이어야 한다.

　다람쥐는 나무를 잘 타고
　두더지는 땅을 잘 판다.

마음의 창고에 자비를 쌓는 일로 일생을 보낸 사람이 군자고
집안의 창고에 재물을 쌓는 일로 일생을 보낸 사람이 소인배다.

네가 공지천 둑길을 거닐면서 물빛 시어들을 낚시질하고 있을 때, 나는 컴퓨터 자판이나 두드리면서 골빈 냄비들을 낚시질하고 있었다.

좀도둑은 만 개의 자물쇠를 만 개의 열쇠로 열고
큰도둑은 만 개의 자물쇠를 한 개의 열쇠로 연다.

거머리는 피만 먹고 살아갈 수 있는 동물이지만
인간은 밥만 먹고 살아갈 수 없는 동물이다.

군자는 개떡 같은 말을 듣고도 천금 같은 진리를 깨닫고
소인배는 천금 같은 말을 듣고도 개떡 같은 생각만 한다.

대구법의 요령은 가급적이면 유사한 문법적 구성과 비슷한 글자 수로 앞뒤의 구를 구성하는 데 있다. 글자 수에 차이가 많이 나거나 문법적 구성에 차이가 많이 나면 제맛이 나지 않는다.

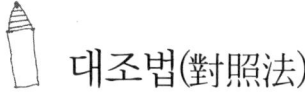

# 대조법(對照法)

대조법은 앞뒤에 상반되는 사물을 대비시켜 그 상태를 더욱 명백히 하는 표현기법이다.

여자는 약하나 어머니는 강하다.
내 마음이 흐리면 온 세상이 흐리고 내 마음이 개이면 온 세상이 개인다.
저는 용의 꼬리가 되기보다는 뱀의 머리가 되고 싶어요.
너는 어째서 민중의 지팡이를 민중의 곰팡이로 아느냐.

외형상으로는 대구법과 흡사한 구조를 가지고 있어서 혼동할 우려가 있지만 대조법은 앞뒤에 상반되는 사물을 대비시킨다는 점을 특성으로 삼는다.

## 자료의 활용

그대가 비록 천재라 하더라도 오로지 그대 자신이 현재 보유하고 있는 지식이나 재능만으로 글을 쓰겠다는 생각을 버려라. 인터넷 검색창을 이용하고 전문가들에게 조언을 구하고 관계서적을 찾아보는 행위와 그것들을 응용하는 요령까지가 그대의 능력이다.

자료에 의존해서 쓰여진 이외수의 수필을 예문으로 첨부하겠다. 자료를 어떻게 활용했는지 참고하기 바란다.

**샴푸**(shampoo)

두부(頭部)의 관계어로 샴푸를 한번 선택해 보았다. 샴푸는 한국의 창포에서 유래되었는지도 모른다. 한국의 여인들은 아주 오래 전부터 단오절만 되면 창포로 머리를 감는 풍속을 가지고 있었다. 최근에는 이와 연계해서 화장품이나 세제품 광고에 창포가 자주 등장한다. 상품들의 포장지에는 칼날같이 생긴 초록색 이파리와 남보라빛 꽃들이 그려져 있다. 하지만 그건 일종의 허위광고다. 상품들의 포장지에 그려져 있는 식물은 창포가 아니라 붓꽃이다. 붓꽃은 건조하고 양지바른 산야에 서식하는 다년초다. 생태와 모양이 창포와는 판이하게 다르다.

창포는 연못이나 시내 부근의 습지에 서식하는 다년초로 줄기가 삼각기둥 모양으로 자라는 특성을 가지고 있다. 꽃은 담황색 남근(男根) 모양이다. 색깔도 모양도 붓꽃처럼 화사하지 않다. 그러나 창포라는 식물은 꽃과 뿌리와 줄기와 잎들이 모두 심신을 청량하게 만드는 향기를 간직하고 있다. 성경의 출애굽기 삼십 장 이십이 절에서 이십오 절까지를 보면 여호와께서 모세에게 거룩한 관유를 만드는 방법을 일러주는 대목이 나온다. 그 대목을 보면 창포는 여호와가 거룩한 관유를 만드는 원료로 추천한 식물이다. 그러니까 한국 여인들은 오래 전부터 거룩한 관유의 원료로 머리를 감았다.

서양의 문헌에 의하면 샴푸라는 용어는 이미 1870년대에 영국의 한 미용사에 의해서 만들어졌다. 힌두어의 참포(chanpo)라는 용어에서 유래되었고 동사로는 마사지하다, 주무르다라는 의미로 쓰여진다. 당시 영국에서는 인도풍의 의상과 예술이 유행하고 있었다. 샴푸는 고급 살롱을 이용하는 사람들에게 해주던 두피 마사지를 지칭하는 용어였다. 대부분의 고급 살롱들이 샴푸에 대한 나름대로의 비법을 가지고 있었으며 주로 쓰이던 재료는 비눗물과 소다였다.

그러나 오늘날과 같이 세제를 이용해서 용액으로 제조된 샴푸는 1890년대에 독일에서 처음 탄생되었다. 역시 그때도 샴푸라는 이름으로 불리어졌다.

샴푸는 오늘날 일반적으로 세제를 지칭하는 말로 쓰이고 있지만 원래는 세제를 이용해서 두피나 모발에 붙어 있는 땀, 피지, 먼지 등을 씻어내는 행위를 의미한다. 아무튼 머리를 감는 행위나 목욕을 하는 행위는 번거로울 수밖에 없다. 번거로울 수밖에 없는 행위를 설명하는 일도 당연히 번거로울 수밖에 없다. 하지만 인내심을 가지고 경청하시라.

샴푸는 두피나 모발을 청결하게 유지하고 두피, 모발의 감염을 예방하며 모발에 윤기를 주는 동시에 두피의 혈행을 도와서 생리기능을 촉진시키는 효과가 있다. 샴푸에는 물을 이용하는 웨트 샴푸와 물을 쓰지 않는 드라이 샴푸가 있다. 웨트 샴푸는 평상시 하는 방법으로 비누나 샴푸제를 사용하여 물로 감는 일이며 물의 온도는 삼십팔 도 전후가 적온이다. 자학적이고 엽기적인 성향을 즐기고 싶다면 백 도 정도로 물의 온도를 높여도 무방하다. 물론 결과에 대한 책임을 아무에게도 전가시키지 않도록 하라. 두피나 모발이 건성이거나 상했을 때는 따뜻하게 데운 헤어오일을 미리 두피에 문질러 바른 다음 샴푸를 한다. 이것을 오일 샴푸라고 한다. 샴푸에 사용하는 물은 연수가 효과적이며 비누를 주원료로 하는 샴푸제는 경수에 용해되기 어려우므로 물을 끓이든가 붕사를 조금 타서 사용한다.

샴푸 회수는 보통 주 일 회가 적당하며 여름에는 주 이삼 회가 적당한 것으로 알려져 있다. 특별한 직업을 가진 사람이 아니라면 이 횟수를 초과할 경우 결벽증이나 바람기를 의심해 보아야 한다. 드라이 샴푸는 오랫동안 병상에 있는 경우나 물을 쓸 수 없는 경우 등에 사용되며 휘발유, 알코올 등 휘발성 약액이나 헤어토닉을 이용한다. 하지만 이 방법으로는 머리털의 때를 덜어낼 수는 있어도 두피까지는 씻어낼 수가 없다. 약액을 사용하는 드라이 샴푸는 화기(火氣) 옆에서는 절대로 시행하지 않도록 유념하라. 샴푸 도중에 인간 바비큐로 화해 버릴 우려가 있다.

서양에서 들여온 문물들은 정신적인 것이든 물질적인 것이든 거의가 재액을 초래하는 독성을 간직하고 있다. 샴푸도 예외는 아니다. 처음에는 편리한 생활용품으로 각광을 받았으나 지금은 환경오염의 주범으로 지탄을 받고 있다.

### 상투

상투는 옛날 성인 남자들의 헤어스타일로 오늘날은 역사책이나 사극 따위를 통해서만 간접적으로 만날 수 있다. 상투는 아주 각별한 사연을 간직하고 있는 우리 민족 고유의 문화유산이 아닐 수 없다. 만약 재능 있는 감독이 상투를 소재로 삼은 영화를 제대로 만들어낼 수만 있다면 각종 국제영화제에서 그랑프리를 모조리 독식해 버릴지도 모른다. 헤어스타일 하나에 나라의 운명을 걸고 목숨을 바쳐 투쟁한 민족이 있다면 세계의 이목을 집중시키기에 충분하다.

옛날 우리 민족은 남자들이 결혼을 하거나 관례를 치르면 정수리에 머리카락을 둥글게 뭉쳐올린 다음 뒷곳으로 고정시키고 망건을 쓰는 풍습을 가지고 있었다. 우리 민족이 신체발부수지부모(身體髮膚受之父母)라는 유교식 가르침 때문에 유별나게 삭발을 꺼린 줄로 알고 있었던 사람들은 지금이라도 그 부분에 블록을 설정하고 삭제버튼을 눌러주시기 바란다. 문헌에 의하면 우리 민족은 고조선 이전부터 상투를 트는 풍습을 가지고 있었다. 그 때는 아직 우리나라에 유교가 전파되지 않은 상태였다. 그러니까 유교적인 가르침 때문에 우리 민족이 삭발을 꺼렸다는 주장은 억측에 불과하다. 우리 민족은 적어도 이천 몇백 년 동안이나 상투라는 한 가지 헤어스타일만을 고집하면서 살아온 정서를 간직하고 있다. 일찍이 세계만방을 통틀어 그토록 유구한 역사와 전통에 빛나는 헤어스타일을 문화유산으로 간직했던 민족은 어디에도 없었다. 따라서 고종 삼십이년에 단발령이 선포되었다는 사실은 온 나라를 발칵 뒤집어엎기에 충분한 사건이었다.

단발령은 단순히 개인의 헤어스타일에 대한 박해가 아니라 수천 년을 계승해 온 우리 민족의 정서에 대한 박해였다. 물론 배후에는 친일세력이 도사리고 있었다. 당시 정국은 민비가 시해를 당한 상태에서 친일세력이 개화내각을 결성하고 제일 먼저 상투를 자르는 법령을 채택하기에 이른다. 야사에는 군부대신 조희연이 왜병들을 잠복시켜 궁성에 대포를 겨냥하고 농상공부대신이었던 정병하가 황제의 상투부터 자르는 만행을 서슴지 않았노라고 기록되어 있다. 이어 내부대신 유길준의 명의로 성상 폐하가 위생적이면서도 집무상 간편한 단발을 솔선수범했으니 온 국민이 이를 따르도록 하라는 내용의 단발령을 공포한다. 이때 급조된 벼슬이 체두관이었다. 지방에 급파되어 상투사냥을 전담하는 벼슬이었다. 체두관은 시장바닥을 돌아다니며 만나는 사람마다 닥치는 대로 상투를 잘라버렸다. 집으로 도망쳐 벽장 속에 숨어 있는 사람조차도 끌어내어 악착같이 상투를 잘라버렸다. 그러나 반발도 만만치는 않았다. 일부 학생들은 퇴학을 당하면서까지 상투를 자르지 않았고 일부 관료들도 파직을 당하면서까지 상투를 자르지 않았다. 학부대신 이도재는 상투가 단군 이래 민족의 질서를 유지시킨 모발 이상의 가치를 간직하고 있음을 강조하면서 외세의 앞잡이가 되어 민심을 교란시키는 세력에 반기를 들고 벼슬을 초개와 같이 내던져버리는 기개를 보였다. 보은 현감 이규백의 부인은 남편에게 대군주폐하도 못 당한 단발령을 당신인들 어찌 당하겠느냐는 말로 낙향을 종용했으나 거절당하자 소복단장을 곱게 한 채 목을 매달아 자결해 버렸다. 한양의 인력거꾼들은 단발을 하지 않으면 영업자격을 박탈하고 감옥으로 보낸다는 엄포에 네 명이 자청해서 감옥으로 들어가는 용기도 보여주었다.

해주에서는 노인 두 명이 단발을 거절하여 옛날의 의로움을 구한다는 유서를 남기고 관청 앞에서 동반자살을 하기도 했다.

단발에 대한 반란이 가장 치열했던 지역은 춘천이었다. 애발당을 결성해서 목은 잘려도 상투는 자를 수 없다는 취지의 격문을 낭독하고 전국적으로 반란을 확산시키는 개가를 올렸다. 이에 춘천, 안동, 충주 관찰사들이 살해당하고 의성, 영덕, 예천, 청풍, 단양, 천안,

양양, 고성, 삼수, 저평 군수들이 피살되었다. 그로인해 민중들의 분노는 날로 강도를 더해갔다. 결국 고종은 단발난국을 안정시키기 위해 친일내각을 거세하고 아관파천을 결행하기에 이른다. 물론 단발령도 철회되었다. 제일 먼저 체포된 인물은 고종의 상투를 잘랐던 정병하였다. 그는 참형을 당한 채 종로 네거리에 버려졌고 수천 군중이 번갈아 시체에 모욕을 가함으로써 단발의 원한을 풀었다.

단지 헤어스타일 하나 때문에 그토록 많은 사람들이 목숨을 잃어야 했던 사태가 동서고금에 또 있었던가. 오늘날 외세의 문물을 아무런 저항 없이 무분별하게 받아들이는 세태 속에서 상투를 틀고 의연하게 거리를 활보하는 사람이 있다면 부디 그에게 비웃음만은 던지는 일이 없기를.

# 3부
# 창작의 장(場)

문학은 예술이다
의식의 날개를 달자
소설에 대해서
소설의 기본요소
자기만의 목소리를 가져라
점검

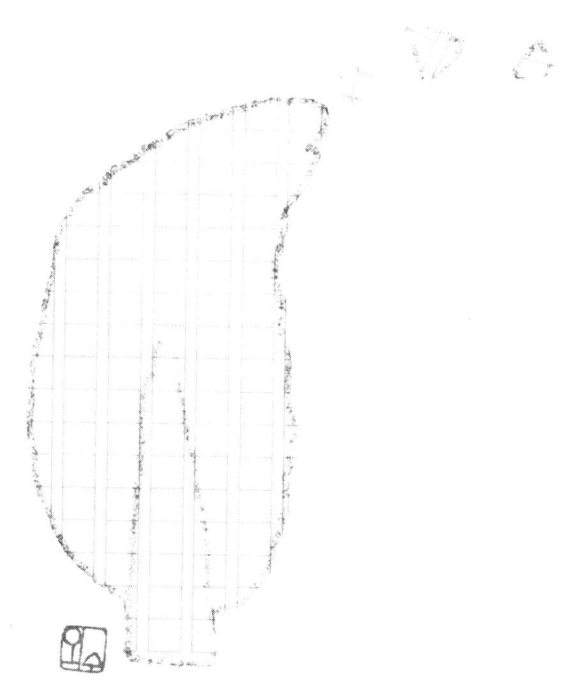

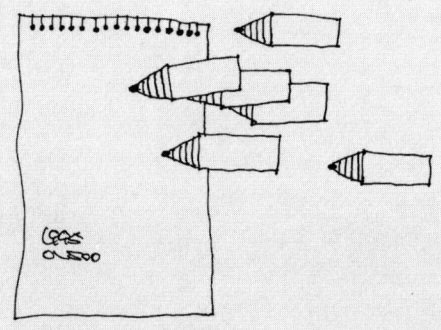

"문학은 반드시 창조성을
내포하고 있어야 한다."

## 문학은 예술이다

　전통적으로는 시, 소설, 수필, 희곡, 평론을 순수문학으로 분류한다. 시나리오, 방송드라마, 만화스토리, 게임스토리, 광고문구 등은 상업적인 목적으로 쓰여지는 글이기 때문에 순수문학으로 분류하지 않는다. 그러나 상업적인 목적으로 쓰여지는 글에도 문학성은 있다. 이 책에서는 어떤 장르라 하더라도 사람과 세상을 정서적으로 아름답게 만들어주는 글이라면 서슴없이 문학으로 간주하겠다. 그러나 반드시 창조성을 내포하고 있어야 한다는 사실을 명심하라.

 시

시는 감정의 표출이 아니라 감정으로부터의 탈출이고, 인격의 표현이 아니라 인격으로부터의 탈출이다.

엘리엇의 말이다.
시는 언어의 정점이고 감성의 궁극이다.
어떤 이는 시를 은유의 숲이라고 표현하기도 한다.
은유는 숨겨서 비유한다는 뜻이다. 다시 말하면 전달하고자 하는 바를 직접적으로 표현하지 않고 간접적으로 표현한다는 뜻이다. 그래서 시는 논리적 설명을 불허한다. 시를 논리적으로 설명하면 숨겨서 비유하는 시의 진정성을 상실하게 된다.

그대가 밥상을 물리고 나니 방바닥에 밥알 하나가 떨어져 있는 것이 보였다. 어떻게 할 것인가. 그대는 태연히 입 안에 집어넣었다. 여기까지 그대는 평범한 인간이다. 그러나,

    아버지가 흘리신 새하얀 눈물 한 방울
    나는 차마 개수대에 버릴 수가 없었네

라고 읊조렸다면 그대는 시인이다.

사람들은 흔히, 저는 시를 잘 모르는데요라고 말한다. 당연하다. 시는 알 수 있는 대상이 아니라 느낄 수 있는 대상이기 때문이다. 예술의 일차적인 목적은 감동이다. 그러나 머리는 감동을 모른다. 따라서 예술을 머리로 이해하겠다는 소치는 수학을 가슴으로 풀겠다는 소치와 동일하다.

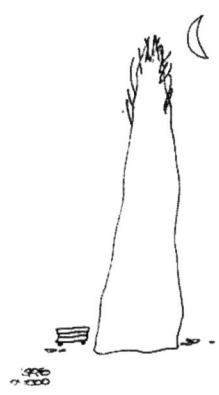

감정이입(感情移入)

시인들이 가장 즐겨 사용하는 표현법이다.

그러나 시인의 전유물은 아니다. 진실이 전제되어 있다면 누구나 쓸 수 있다.

국어사전에는 예술 작품이나 자연, 대상의 요소 속에 자신의 상상이나 정신을 투사하여 자기와 대상과의 융화를 의식하는 심적 작용이라고 풀이되어 있다. 거참, 어렵다.

쉽게 말하면 자신이 다른 사물이 되어 사상이나 감정을 표현하는 방법이다. 시인들은 감정이입을 통해서 사물과 하나가 된다. 시인은 자갈이 되기도 하고 먼지가 되기도 한다. 풀이 되기도 하고 새가 되기도 한다. 환희가 되기도 하고 슬픔이 되기도 한다. 사랑이 되기도 하고 증오가 되기도 한다. 한마디로 시인은 모든 실체와도 합일이 가능하고 모든 의식과도 합일이 가능하다. 그것이 시인의 자격이다. 따라서 시인은 위대하면서도 숭고한 존재다. 오로지 자신밖에 모르는 이기주의자들은 결코 시인이 될 자격이 없다.

    빨랫줄
    왜 당신의 마음은 세탁해서 널어놓지 않나요
                  —이외수의 시집 『그리움도 화석이 된다』 중에서

    비 오는 날 달맞이꽃에게
    이 세상 슬픈 작별들은 모두
    저문 강에 흐르는 물소리가 되더라
    머리 풀고 흐느끼는
    갈대밭이 되더라

    해체되는 시간 저편으로
    우리가 사랑했던 시어들은
    무상한 실삼나무 숲이 되어 자라오르고
    목메이던 노래도 지금쯤
    젖은 채로 떠돌다 바다에 닿았으리

    작별 끝에 비로소 알게 되더라
    사랑하는 것들은 모두 노래가 되지 않고

더러는 회색 하늘에 머물러서

울음이 되더라

범람하는 울음이 되더라

내 영혼을 허물더라

　　　　　　─이외수의 시집 『그리움도 화석이 된다』 중에서

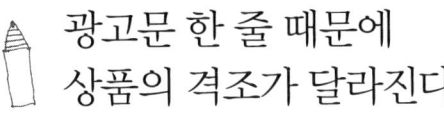 ## 광고문 한 줄 때문에 상품의 격조가 달라진다

정성껏 기른 장미나무 한 그루를 10억에 분양합니다.

신문에 대문짝만하게 실린 광고문구다. 어떤 미친놈이 장미나무 한 그루를 10억에 산단 말인가. 그대는 너무 엄청난 금액 때문에 거부감이 생긴다. 그러나 시간이 지나면서 궁금해지기 시작한다. 아무리 정성껏 기른 장미나무라지만 10억은 너무하다. 도대체 무슨 사연을 간직한 장미나무이기에 10억이라는 가격이 붙었을까. 그대는 자세히 들여다보게 된다. 그런데 그 밑에 조그만 글씨가 첨부되어 있다.

이 장미나무를 매입하시는 분께는 80평짜리 신축건물 한 동과 대지 200평을 공짜로 드립니다.

그제야 그대는 장미나무를 팔아먹기 위한 광고가 아니라 신축건물을 팔아먹기 위한 광고라는 사실을 깨닫는다. 그리고 경제력이 있다면 그 10억짜리 장미나무를 매입하고 싶은 충동을 느끼게 된다. 만약 이 광고를 사실 그대로 신문에 게재했다고 가정해 보자.

80평짜리 신축건물과 대지 200평을 10억에 분양합니다.
매입하시는 분께는 정성껏 기른 장미나무 한 그루를 공짜로 드립니다.

과연 효과가 있을까.

상업광고의 궁극적인 목적은 감동전달이 아니라 소득증대다. 돈이 피보다 진하다는 말이 속담처럼 통용되고 있는 시대다. 그러나 소득증대를 위해 인간의 존엄성을 상실케 만들거나 미풍양속을 해치는 광고를 만들어서는 안 될 것이다. 상업광고 한 줄을 쓰더라도 어떻게 하면 사람과 세상을 아름답게 만들 수 있을까를 염두에 두라.

## 사랑은 아무나 하나

　어떤 대중가요 가사에, 사랑은 아무나 하나, 눈이라도 마주쳐야지 라는 대목이 나온다. 백번 지당하신 말씀이다. 사랑을 하고 싶다면 필수적으로 대상과 눈을 마주쳐야 한다. 이럴 때마다, 그렇다면 시각장애인들은 사랑도 못하나요, 라고 따져 묻는 작자들이 있다. 누구냐. 손을 들어라. 내가 앞에서 소상하게 육안과 뇌안과 심안과 영안에 대해서 설명해 줄 때는 무엇을 했느냐. 내일부터 화장실 청소다. 번쩍거리는 변기와 눈이 마주치고 그래서 변기의 아름다움이 느껴질 때까지 용맹정진하라.
　사랑은 대상에 대한 아름다움을 발견하는 순간부터 발아한다. 그런데 대상과 눈도 마주치지 않고 어떻게 아름다움을 발견할 수 있으며 아름다움을 발견하지 못했는데 어떻게 사랑을 할 수가 있겠는가. 좋은 글을 쓰기 위해서는 반드시 사랑이 필요하다. 이성간의 사랑도 필요하지만 만물과의 사랑도 필요하다. 그대가 진실로 좋은 글을 쓰고 싶다면 그대가 먼저 만물에게 눈길을 주어라. 만물에게 눈길을 주는 일이 만물과의 사랑을 시작하는 일이다.

그대가 만물에게 눈길을 주는 순간 만물도 그대에게 눈길을 준다. 그 사실을 깨닫는 순간부터 그대의 심안도 열릴 것이다.

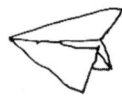

## 인간이 만물의 영장인 이유

인간이 만물의 영장인 이유는 먹이사슬의 가장 꼭대기에 위치해 있기 때문이 아니다. 도구를 만들어 쓸 수 있기 때문도 아니며 문자를 만들어쓸 수 있기 때문도 아니다. 인간이 만물의 영장인 이유는 만물을 사랑할 수 있는 가슴을 가지고 있기 때문이다.

그러나 때로 인간은 그 사실을 망각한 채 오로지 인간만을 위해서 온갖 악행을 저지르기도 한다. 자연을 무차별 파괴하고 수많은 동식물을 살생하기도 한다. 심지어는 가공할 무기를 만들어 자기들끼리 다량으로 목숨을 빼앗고 크나큰 불행과 비극을 서로에게 안겨주기도 한다. 어떤 인간은 자신이 만물을 사랑할 수 있는 가슴을 간직하고 있다는 사실을 망각하고 한평생 자신만을 위해서 살아가기도 한다. 또 어떤 인간은 자신조차도 사랑하는 법을 망각한 채 한평생을 살아간다.

후회 없는 인생이란 많은 것들을 사랑하면서 살아온 인생이다. 우리는 수시로 우리들 자신이 얼마나 많은 것들에게 눈길을 주면서 그것들에게 사랑을 느꼈는가를 점검해 볼 필요가 있다. 가슴 안에 사랑이 간직되어 있지 않은 인간은 결코 예술을 느낄 수도 없으며 예술을 행할 수도 없기 때문이다.

## 의식의 날개를 달자

창작으로 들어가기 전에 먼저 그대의 정신상태부터 한번 점검해 보자.

정신상태를 들먹거리면 정신이 저절로 경직되면서 약간의 거부감을 느끼는 사람들이 있다. 그가 만약 대한민국 남자라면 병역의 의무를 필한 사람이다. 대한민국 남자들은 군대만 가면, 쫄따구가 말이야, 정신상태가 불량해 가지고 말이야, 어쩌구 하는 소리를 수없이 들어야 한다. 정신상태가 불량하다는 말을 들으면 대개 시멘트 바닥에 대가리를 박아야하는 불상사도 뒤따르기 마련이다.

하지만 여기서 말하고자 하는 정신상태는 군대에서 강요하는 정신상태와는 판이하게 다르다. 우선 무기의 용도에서부터 차이가 난다. 군대에서 다루는 무기는 인명 살상용이지만 여기서 다루는 무기는 영혼 구제용이다.

 운동정신이 심각하게 결여되어 있는 운동선수는 자신도 모르게 그것을 경기장에서 드러내게 된다. 그래서 심판으로부터 레드카드를 받고 퇴장하는 결과를 초래한다. 마찬가지로 작가정신이 결여되어 있는 문필가는 자신도 모르게 그것을 작품 속에 드러내게 된다. 그러나 운동장에는 심판이 있어도 원고지에는 심판이 없다. 창작도 자신이 해야 하고 심판도 자신이 해야 한다.

 우리는 지금까지 영혼 구제에 필요한 기본도구들과 그것들의 기초사용법을 공부했다. 이쯤에서 나는 그대에게 단도직입적으로 물어보고 싶다. 지금까지 공부한 것들을 실전에 써먹을 수 있겠는가. 아무리 방대한 지식을 두뇌 속에 소장하고 있어도 써먹을 수 없다면 무용지물이다. 자기 냉장고 속에 천 년 묵은 산삼이 들어 있어도 써먹을 수 없다면 잡초나 다름이 없다.

 그대에게 의식의 날개를 달아주기 전에 지금부터 누에의 한살이에 대해서 이야기하겠다.
 매우 중요한 상징성을 내포하고 있지만 혹자들은 지루해 할지도 모른다. 그러나 때로는 맛대가리 없는 한약이 그대의 질병을 치료해 주거나 그대의 생명을 연장시켜 주기도 한다. 재미가 없더라도 보약을 먹는 기분으로 경청하라.

누에는 알에서부터 한살이를 시작한다.

한 개의 알은 한 개의 점으로 고정되어 있다. 한 개의 점으로 고정되어 있기 때문에 스스로는 천만 분의 일 센티미터도 움직일 수가 없다. 행동반경 제로상태. 그래서 공간이니 입체니 하는 것들을 지각하지 못한다. 그러나 알도 하나의 생명체다. 행동반경 제로상태에서 나름대로 숨을 쉬고 나름대로 사고를 하고 나름대로 발육을 하면서 겨울을 보낸다.

인간 중에서도 의식수준이 알의 상태에 머물러 있는 사람들이 있다. 전 우주를 통틀어 생명체라고는 자기밖에 없는 것처럼 사고하거나 행동하는 사람들이다.

인간의 육신은 물질적 요소들로 이루어져 있다. 그래서 죽을 때까지 시간과 공간을 뛰어넘을 수 없다. 그러나 인간의 의식은 정신적 요소들로 이루어져 있다. 그래서 누구든지 시간과 공간을 자유자재로 넘나들 수 있다.

하지만 어떤 사람들은 누에의 알처럼 자기 이외의 생명체가 지구상에 존재한다는 사실조차도 인정하려 들지 않는다. 심지어는 누에의 알이 이파리가 있다는 사실조차도 모르고 있듯이 자기가 살고 있는 세상조차도 자각하지 못한다. 뿐만 아니라 절대로 자신을 변화시킬 생각을 하지 않는다. 글을 쓰는 일에도 관심이 없고 글을 읽는 일에도 관심이 없다. 깊은 사유 따위는 해본 적이 없기 때문에 생활 자체가 단세포적이다.

누에의 알은 봄이 되면 마침내 부화를 한다. 갓 부화된 유충은 아주 작은 체형에 검은색을 띠고 있어서 개미처럼 보인다. 그래서 개미누에라는 별칭을 가지고 있다. 비록 작기는 하지만 알과는 차원이 다른 생명체다. 점에 불과하던 존재에서 스스로 면(面)이라는 공간을 이동할 수 있는 존재로 승격된 것이다. 점으로 붙박여 있던 1차원적 삶에서 면을 이용할 줄 아는 2차원적 삶으로 환생한 것이다.

갓 태어난 애벌레는 냄새로 뽕잎의 위치를 알아내고 부드러운 뒷면부터 뽕잎을 먹어치우기 시작한다. 이어 2일 정도가 지나면 체형이 커지고 강모(剛毛)의 간격이 넓어지면서 피부가 희어진다. 그리고 3일째에는 뽕잎을 먹지 않고 피부가 투명해지면서 움직임을 보이지 않는다. 마치 자고 있는 듯이 보이므로 이때를 첫잠이라고 하며 부화를 기점으로 첫잠까지를 계산해서 1령 애벌레라고 한다. 애벌레는 스스로 면을 이동하는 즐거움, 스스로 뽕잎을 갉아먹는 즐거움, 스스로 잠을 자는 즐거움을 구가하는 생명체로 살아간다.

1령 애벌레에서 하루 정도가 지나면 허물을 벗고 2령 애벌레가 된다. 시간이 흐르면서 누에는 뽕잎 먹기와 잠자기와 허물벗기를 거듭한다. 그리고 네 번째 잠을 자게 되면 이때를 5령 애벌레라고 지칭한다. 그러나 애벌레는 몇 번의 허물벗기를 거듭하고도 아직은 뽕잎이라는 2차원적 세계를 떠날 수 없다. 극단적으로 표현하면 오로지 먹고 살기 위해 기어 다녀야 하는 신세를 벗어날 수가 없다는 것이다.

5령 애벌레에게는 일주일 정도 더 뽕잎을 먹는 즐거움이 허용된다. 특히 이 시기에는 엄청난 식욕으로 뽕잎을 먹어대기 시작하는데 갓 태어날 때의 몸무게보다 1만 배 정도나 되는 체중을 가지게 된다. 그러나 조물주는 어떤 생명체에게도 영속적인 즐거움을 부여해 주는 법이 없다.

5령 애벌레는 일주일 동안의 뽕잎 먹기가 끝나면 고치실을 토사해서 고치를 만들기 시작한다. 그리고 고치실을 다 토해 낸 애벌레는 유충의 껍질을 벗어버리고 번데기로 환생한다. 부드럽던 유백색 피부는 점차 갈색으로 변하고 몸은 오그라들어 딱딱하게 변한다. 번데기는 12일 동안 꼼짝달싹도 못한 채 캄캄한 고치 속에 갇혀서 절대고독을 감내해야 한다. 그리고 날개를 가지기 위해 등껍질이 찢어지는 아픔도 감내해야 한다.

곤충들은 날개에 따라 유시형(有翅形)곤충과 무시형(無翅形)곤충으로 분류된다. 날개가 있으면 유시형곤충이고 날개가 없으면 무시형곤충이다. 유시형곤충들은 대부분 날개를 가지기 위해서 번데기의 과정을 거친다. 번데기의 과정을 한마디로 대신할 수 있는 단어는 절대고독밖에 없다. 절대고독은 유시형곤충들이 날개를 가지기 위해 필수적으로 감내해야 하는 통과의례다.

그대가 만약 곤충으로 환생한다면 유시형곤충과 무시형곤충 중 어느 쪽을 선택하겠는가. 절대고독이 두렵고 등껍질이 찢어지는 아품이 두렵다면 무시형곤충을 선택하는 수밖에 없다. 그러나 그대는 오로지 먹고사는 즐거움 하나로 만족하면서 밑바닥을 기어 다닐 각오를 해야한다.

그러나 날개를 가진 곤충들은 거의가 아주 소량의 먹이만으로 생명활동을 영위한다. 그것들은 먹이를 최상의 즐거움으로 삼는 단계를 벗어난 생명체들이다. 기어다니는 생명체들과는 차원이 다른 존재들이다. 그것들에게는 하늘을 날아다니는 즐거움이 있다.

날개가 없는 곤충들은 대부분 집단적으로 먹이를 공격하거나 남이 잡아놓은 먹이를 훔치거나 상처 입은 먹이를 찾아 헤매거나 다른 동물의 몸에 기생하거나 함정을 만들어놓고 먹이가 지나가기를 끈질기게 기다려야 한다. 날개를 가진 곤충들에 비하면 다소 치사해 보이는 생존법이다.

적어도 그대가 좋은 글을 쓰고 싶다면 몇 번씩이라도 허물을 벗고 다시 태어나기를 소망하라. 그대 스스로 몽상의 고치 속에 고립되어 절대고독을 감내하고 등껍질이 찢어지는 아픔을 감내하라. 그것이 글을 쓰는 자로서의 올바른 정신상태다.

# 소설에 대해서

소설(小說)은 허구다.

그러나 진실을 바탕으로 해서 창조된 허구다. 사실과 진실은 엄연히 다르다. 사실은 마음 밖에 존재하는 실제에 근거를 두고 있지만 진실은 마음 안에 존재하는 감정에 근거를 두고 있다.

소설은 다른 문학 장르들이 특성으로 간직하고 있는 요소들을 종합적으로 내포하고 있다. 대사는 희곡의 성격을 포함하고 있으며 지문은 수필이나 평론의 성격을 포함하고 있다. 능력만 있다면 시적인 표현도 얼마든지 가능하다. 그래서 소설의 기본을 잘 익히면 다른 장르에도 능통하게 된다. 소설의 기본을 잘 익히면 시나리오, 만화스토리, 방송드라마를 쓸 때도 그다지 어려움을 느끼지 않을 것이다.

요즘은 대학 문창과나 국문과에서도 시나 소설을 지망하는 학생들이 드물다. 시나리오나 방송드라마를 지망하는 학생들이 대부분이다. 물론 저마다의 사유가 있겠지만 단순히 시류에 편승한 선택이거나 경제성을 감안한 선택이라면 재고해 볼 필요가 있다. 어떤 분야를 선택하더라도 실력이 뒷받침되지 않으면 성공을 기대하기 어렵다. 특히 글쓰기의 성패는 기술의 탁마로 결정되는 것이 아니라 정신의 탁마로 결정되는 것이다.

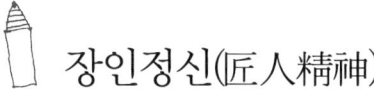
## 장인정신(匠人精神)

국어사전에는 장인이 '물건을 만드는 것을 업으로 하는 사람'이라고 풀이되어 있다. 그러나 대한민국에서는 물건을 만드는 것을 업으로 한다고 모두가 장인의 반열에 오를 수가 없다. 장인정신을 갖추고 있어야만 비로소 장인의 반열에 오를 수 있다.

장인은 전문적인 기능과 도덕적인 품성을 중시한다. 자신의 손가락을 모두 잘라버리는 한이 있더라도 부당한 방법으로 물건을 만들거나 불순한 목적으로 물건을 만드는 법이 없다. 자신이 만드는 물건에 자신의 혼을 불어넣어 타인에게도 자신에게도 부끄러움이 없도록 최선을 다한다. 그것이 바로 장인정신이다.

끈질기게 물고 늘어지는
근성을 가져라

소설은 노가다야.

소설가들이 자조적인 목소리로 자주 되뇌는 말이다. 노가다는 일본어로 토목공사에 종사하는 막벌이 노동자를 일컫는다. 노가다라는 말 속에는 대우가 신통치 않다는 의미도 내포되어 있지만 중노동에 비교될 정도로 많은 에너지가 소모된다는 의미도 내포되어 있다.

소설은 문학 장르 중에서 가장 많은 분량의 원고를 필요로 하는 장르다. 따라서 고도의 집중력과 끈질긴 인내심을 필요로 한다. 잠시만 집중력과 인내심이 결여되면, 소심한 성격으로 설정된 작중인물이 특별한 설명도 없이 대범한 성격으로 변해버리거나, 앞부분에서 병역면제자로 설정된 삼대독자가 뒷부분에서 갑자기 징집영장을 받고 홀어머니의 생계를 걱정하는 따위의 모순을 저지르게 된다.

  소설은 허구다. 그러나 사실성이 있어야 한다. 여기서의 사실성은 현실적 사실성을 말하는 것이 아니라 소설적 사실성을 말하는 것이다. 비록 공상과학소설이라 하더라도 반드시 필연성에 의해서 사건이 진행되고 필연성에 의해서 사건이 종결되어야 한다. 필연성이 없다면 필연성을 만들어주는 복선을 장치해야 한다. 그래서 소설을 복선의 연속이라고 표현하는 작가들도 있다.

# 소설의 기본요소

주제

구성

문체

#  주제 – 끊임없이 의문을 던져라

존재에 대한 궁극적 의문이나 현상에 대한 궁극적 의문들은 주제와 직결된다. 살아가면서 그대는 수많은 의문에 봉착한다. 탄생의 의미는 무엇일까. 죽음의 의미는 무엇일까. 영혼은 정말로 존재하는 것일까. 운명은 정해져 있는 것일까. 욕망의 끝은 어디일까. 식물들에게도 생각이 있을까.

끊임없이 의문을 던지고 해답을 탐구하라. 그러는 동안에 저절로 그대의 의식이 깊어지고 그대의 의식이 깊어지면 소설의 주제도 선명해진다.

## 그러나 정답은 없다

의문을 탐구하되 정답은 찾지 말라.

그대가 만약 교육이라는 제도적 장치 속에서 정답찾기에 길들여져 있는 사람이라면 아직도 분별심이라는 잣대를 가지고 다닐 것이다.

분별심은 어떤 대상을 옳고 그름, 크고 작음, 길고 짧음, 많고 적음, 있고 없음 따위의 잣대로 가름하는 것이다. 그러나 그대가 분별심이라는 잣대로 대상을 가름한 정답들은 모두 부분과 순간을 보고 판단한 오류에 지나지 않는다.

결론부터 말하겠다. 존재에 대한 궁극적 의문이나 현상에 대한 궁극적 의문에는 국정교과서식 정답이 존재하지 않는다.

문학은 지식의 산물이 아니라 견성(見性)의 산물이다. 작가는 정답을 찾아서 독자들에게 글로 전달해 주는 존재가 아니라 깨달음을 통해서 얻어낸 정서를 독자들에게 글로 전달해 주는 존재다. 시인 서정주(徐廷柱)가 '한송이 국화꽃을 피우기 위해 봄부터 소쩍새는 그렇게 울었나 보다'라고 노래한 것도 깨달음의 결과다. 그리고 소설가 헤르만 헤세가 '새는 알을 깨고 나온다. 알은 하나의 세계다'라고 설파한 것도 깨달음의 결과다.

## 이론의 족쇄에 발이 묶이면 문학의 길을 걷기가 불편해진다

그대가 알고 있는 소설의 이론이 있다면 쓸 때는 꺼내지 말고 쓴 다음에 꺼내도록 하라. 지나치게 이론을 의식하면 창작이 주체가 되지 못하고 이론이 주체가 되고 만다. 소설을 쓰는 순간만은 소설이 주체가 되도록 하라. 이론에 맞추어 소설을 쓰는 행위는 의복에 맞추어 몸을 개조하는 행위나 다름이 없다. 그대에게 감흥을 주는 소재를 발견하면 일단 이론을 배제하고 진실에 입각해서 소설을 쓰도록 하라. 나름대로 주제를 설정하고 나름대로 구성의 틀을 짜서 나름대로 개성있는 문체를 직조하라. 그대의 창조물이 기존의 이론을 뒤집어엎고 새로운 이론을 탄생시킬 수도 있다.

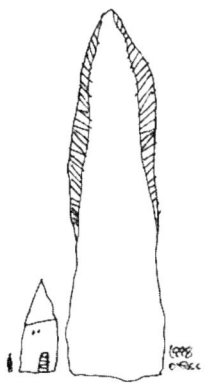

구성의 기본요소

인물

사건

배경

## | 인물

소설에 인물을 등장시킬 때는 개성에 유념하라. 당연히 소설에 등장하는 인물들도 먹여야 하고 입혀야 하고 재워야 한다. 거기에도 작가의 재량이 필요하다. 소설에 등장하는 인물을 먹여 살리기가 실재하는 인물을 먹여 살리기보다 훨씬 힘들 때도 있다.

### 작중인물들은 모두 작가의 분신이다

악역을 담당한 인물이라고 무조건 나쁘게만 표현해서는 안 된다. 어떤 인간이라고 하더라도 어미를 먹어치우고 태어나거나 욕지거리를 입에 물고 태어나거나 흉기를 손에 들고 태어나지는 않는다.

작중인물이 어떤 악행을 저지를 경우 작가는 반드시 독자가 납득할 만한 필연성과 합리성을 만들어 주어야 한다. 독자가 납득할 만한 필연성과 합리성을 만들어 주는 철저성을 산문정신이라고 한다. 산문정신이 결여되어 있으면 독자는 소설에 거리감을 느끼게 되고 그것이 감동을 저해하는 요인으로 작용하기도 한다. 비록 지나가는 행인 하나를 묘사하더라도 산문정신에 입각해서 묘사하는 자세를 가져라.

### 고전적 인물구도

돈키호테 — 주인공.
산초 — 주인공을 추종하는 인물.
둘시네아 — 주인공이 이상형으로 생각하는 인물.

세르반테스의 『돈키호테』에 등장하는 인물들이다. 19세기 이후의 소설에 등장하는 인물들은 대부분 세르반테스가 창안한 삼각구도를 표본으로 삼는다.

### 음양오행(陰陽五行)에 근거한 창의적 인물구도

지구 상에 존재하는 어떤 인물도 이 음양오행의 범주를 떠나서 존재할 수는 없다. 따라서 음양오행에 근거를 두고 작중인물을 창조하면 그 합리성과 필연성에 완벽을 기할 수 있다.

삼라만상은 음양(陰陽)의 충돌과 조화에 의해 생성되거나 소멸한다.

양(陽)은 우주의 원동력이다.
본디 형체가 없다.
적극적이고 능동적이며 남성적이다.

양과 대별되는 자리에 음(陰)이 있다.

양과 마찬가지로 본디 형체가 없다.

소극적이고 수동적이며 여성적이다.

소설의 인물들도 이 두 가지 성격으로 크게 대별할 수가 있다. 그러나 오행(五行)을 대입시키면 보다 다양하고 구체적인 인물구도를 창안해 낼 수 있다.

### 상생(相生)과 상극(相剋)

오행은 만물의 다섯 가지 대표적 성질을 말하는 것으로, 화 수 목 금 토 로 대별된다.

그것들은 서로 상생과 상극의 관계를 가진다. 상생관계는 서로에게 생명력과 활동력을 부여하는 관계다. 간단한 예로,

나무는 물을 먹고 자라므로 수생목(水生木)이라 하며,

나무에서 불이 일어나므로 목생화(木生火)라 하고,

불은 흙을 기름지게 만들어주므로 화생토(火生土)라 하며,

흙은 모든 것을 단단하게 만들어주거나 열매를 맺게 하므로 토생금(土生金)이라 하고,

열매가 과즙을 품고 있으므로 금생수(金生水)라 한다.

아울러 상생이란 평화적이고 합법적이며 진취적이고 순리적이다.

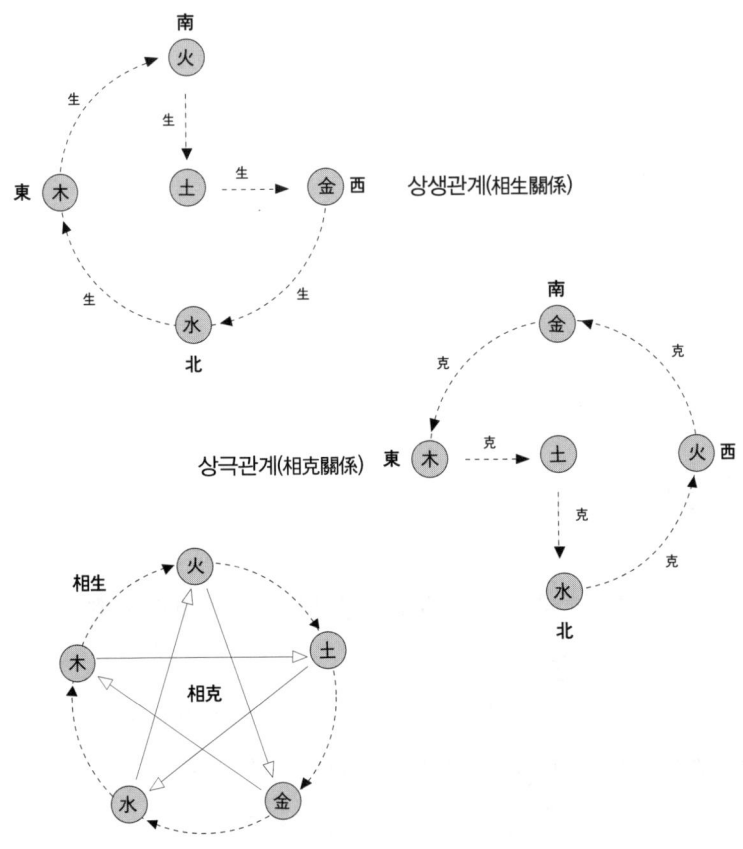

반대로 상극이란 서로를 지배하는 양육강식의 법칙에 해당하며 수극화(水剋火), 화극금(火剋金), 금극목(金剋木), 목극토(木剋土), 토극수(土剋水)로 고정되어 있다. 즉,

물은 불을 다스리고,

불은 쇠를 다스리며,

쇠는 나무를 다스리고,

나무는 흙을 다스리며,
흙은 물을 다스린다는 뜻이다.

그러나 물이 강하고 불이 약하면 불이 꺼지지만 반대로 물이 약하고 불이 강하면 꺼지지 않으므로 다스림의 질서가 무시되기도 한다. 그렇기 때문에 무조건이라는 관계는 성립되지 않는다. 다만 보편적 지배법칙이 그러할 뿐이다.

### 인물의 성격과 오행

#### 목의 성질을 가진 사람
나무는 끊임없이 하늘을 향해 가지를 뻗는다. 이를 인간에 비유하면 이상주의자에 해당한다.

#### 금의 성질을 가진 사람
쇠는 쉽사리 형체를 변화시키지 않는다. 고집이 세고 자기주관이 뚜렷한 사람에 비유될 수 있다.

#### 수의 성질을 가진 사람
유연하면서도 다양한 변화를 가진다. 적응력이 좋다. 쉽게 뜨거워지고 쉽게 차가워진다.

화의 성질을 가진 사람

정열적이다. 화를 잘 낸다. 냉철하지 못하다.

토의 성질을 가진 사람

포용력을 가지고 있다. 헌신적이다. 성격이 원만하다.

이들은 서로 상생관계나 상극관계를 이루고 있다. 그것을 소설이나 희곡, 시나리오 또는 드라마에 응용하면 매우 합리적이고 체계적인 스토리를 도출해낼 수가 있다. 모든 비극적 요소나 희극적 요소는 상생관계나 상극관계에서 비롯된다. 이 구도 안에서 충돌과 화합을 만들어가는 것이다.

앞에서도 언급했듯이 지구 상에서 이 법칙을 벗어날 수 있는 인간은 단 한 명도 존재하지 않는다. 이 법칙을 모르면 작가는 합리성이 결여된 인간관계나 필연성을 상실한 사건을 만들어내고 해결이 어려워 온갖 몸부림을 치다가 소설을 망쳐버리는 결과를 초래한다.

수

나를 도울 수 있는 성질. 금.
내가 도울 수 있는 성질. 목.
나를 망칠 수 있는 성질. 토.
내가 망칠 수 있는 성질. 화.

화
나를 도울 수 있는 성질. 목.
내가 도울 수 있는 성질. 토.
나를 망칠 수 있는 성질. 수.
내가 망칠 수 있는 성질. 금.

목
나를 도울 수 있는 성질. 수.
내가 도울 수 있는 성질. 화.
나를 망칠 수 있는 성질. 금.
내가 망칠 수 있는 성질. 토.

금
나를 도울 수 있는 성질. 토.
내가 도울 수 있는 성질. 수.
나를 망칠 수 있는 성질. 화.
내가 망칠 수 있는 성질. 목.

토
나를 도울 수 있는 성질. 화.
내가 도울 수 있는 성질. 금.
나를 망칠 수 있는 성질. 목.
내가 망칠 수 있는 성질. 수.

### 인물의 실제

인물은 소설의 사건이나 갈등을 주관하는 주체적 요소가 된다. 외형이나 성격, 습관이나 주관을 얼마나 선명하게 전달할 수 있는가에 따라 소설의 성패가 좌우되기도 한다. 아래 예문에 제시된 인물들은 오행 중에서 어디에 해당할까. 어떤 인물을 만나면 충돌과 갈등을 일으키고 어떤 인물을 만나면 화합과 평온을 유지할까.

인물의 개성을 형성하는 조건으로는 외모, 말씨, 성격, 습관 등이 있다. 아래 이외수의 소설에서 불러온 인물들을 소개하겠다. 개성을 표출하기 위해 어떤 기법을 활용했는가를 눈여겨 살펴보자.

내 아버지의 별명은 미친 개였다. 덕분에 내게 붙여진 별명은 미친 강아지였다. 억울했지만 나는 학교에서 곧잘 놀림을 받았고, 자주 내 얼굴은 머큐롬 칠로 장식되었다. 그러나 밖에서 아무리 억울한 일을 당해도 나는 집에 돌아와 아버지에게 그 사실을 누설하지 않았다. 아버지의 극성이 싫어서였다. 만약 누설하면 결과는 뻔한 노릇이었다. 그날로 누구 한 사람 아버지의 그 유명한 박치기에 앞니 몇 대는 족히 부러지고 마는 거였다.

우리 동네 사람들은 대개 아버지를 좋아하지 않는 눈치였다. 간혹 아버지가 말이라도 걸게 되면 어물어물 대꾸해 주고는 슬그머니 꽁무니를 뺐다. 당연했다. 조금이라도 비위에 거슬리면 아버지는 무조건 박치기로 해결하려 들었으니까.

나는 세상에서 제일 지겨운 사람이 아버지였다.

아버지는 술을 무던히도 좋아했다. 마당에 송장메뚜기 한 마리가 뛰어다녀도,

"저기 술안주 한 마리가 돌아다니는구나, 잡아오너라."

하며 명령할 정도였다.

사실 아버지는 여러 가지 동물을 술안주로 삼았다. 먹어도 죽지 않는다고 생각되면 모두 술안주로 삼는 것 같았다. 그 중에서도 특히 아버지가 좋아한 것은 뱀이었다.

—이외수의 중편소설 「훈장(勳章)」 중에서


그 여자가 삼촌의 화실을 방문한 것은 어느 여름 장마비가 개고 난 뒤의 해질녘이었다. 티셔츠에 청바지 차림. 한쪽 손에는 스케치북을 들고 있었다. 어딘지 모르게 나른하고 염세적으로 생긴 여자였다.

그 여자의 나른함을 어떻게 표현해야 좋을까. 보는 사람의 세포까지 환각제가 스며든 듯 나른해져서, 차츰 그 여자를 한 번만 가만히 안아 보고 싶다는 충동에 사로잡히게 만드는, 그 여자의 이상한 분위기를 어떻게 표현해야 좋을까.

"그림…… 좀 구경해도 되나요?"

그 여자는 그렇게 말해 놓고 나서도 잠시 출입문 앞에 서 있었다. 목소리까지 나른한 여자였다. 기우는 서녘 햇빛이 창문으로 비쳐들어 그 여자의 한쪽 어깨를 치자빛으로 물들이고 있었다. 비가 갠 뒤였으므로 그 햇빛은 밝고 깨끗해 보였으며, 그 여자는 그 햇빛 속에 금방 나른하게 녹아 없어져 버릴 것 같았다.

—이외수의 단편소설 「개미귀신」 중에서

청년 곁에는 꼬마가 하나 딸려 있었다. 국민학교 4학년쯤 되어 보이는 계집애였다. 한마디로 지독하게 못생긴 용모를 가진 계집애였다. 그 애의 머리카락은 성질 나쁜 식모애가 함부로 남비 바닥을 문질러대다가 아무렇게나 팽개쳐 버린 수세미처럼 너저분하게 헝클어져 있었다. 땟국물이 졸아붙은 얼굴, 들창코에다 주근깨에다 너부죽한 입에다―못난이 3형제라는 인형들 중에서 가운데 인형과 흡사해 보였다.

"여긴 뭣하러 왔니, 꼬마야. 집에서 애들하고 눈쌈이나 하며 놀잖구."

당구장 주인이 그 애의 헝클어진 머리카락을 쓰다듬어 주며 말했다.

"화투를 치러 왔어요."

계집애는 갈라지는 목소리로 말했다. 계집애답지 않게 건조하고 탁한 목소리였다. 그 애는 게걸스럽게 오징어 다리를 물어뜯고 있었는데 청년의 또 한 손에는 큼지막한 오징어 꾸러미가 들려 있었다.

―이외수의 단편소설「고수(高手)」중에서


해거름녘이었다.

해거름녘에 그 괴상한 영감탱이는 석양을 등진 모습으로 느닷없이 불쑥 우리 앞에 나타났다. 형편없이 너덜거리는 누더기 차림이었다. 우리는 어떻게 해서 갑자기 이 영감탱이가 우리집 마당에까지 들어서게 되었는가를 전혀 생각해 낼 수가 없었다. 아무도 들어서는 것을 본 사람이 없었던 것이다. 우리집은 울타리도 없는 언덕배기 판자집이었다. 그런데도 이 영감탱이가 들어서는 것을 아무도 보지 못했다니, 정말 이상한 노릇이 아닐 수 없었다.

나는 마당 한복판에서 옆집 아이 하나와 다투고 있었다. 분명히 내 머리통에 있는 기계충 자국이 더 큰데도 자꾸만 새끼는 제 머리통에 있는 기계충 자국이 더 크다고 우기고 있었다. 거울까지 갖다가 보여주었는데도 여전히 우기고 있었다. 나는 새끼에게 한 방 먹여 주고 싶은 심정이었다. 그러나 동생 때문에 참았다. 동생이 장독대에 오두마니 앉아 있었던 것이다. 동생은 내가 남에게 맞아도 울고 내가 남을 때려도 우는 이상한 애였다.

그 당시 우리는 동원시 상림동 언덕배기에 살았다. 순전히 판자집뿐인 동네였다. 그러나 비록 물 사정이 몹시 불편하기는 했었지만 그래도 햇빛만은 동원시에서 가장 오래 머물러 있어 주는 지역이었다. 아침이면 제일 먼저 햇빛이 젖어들었다가 저녁이면 제일 늦게 햇빛이 마르는 동네였다.

동생은 어릴 때부터 몹시 심약한 편이었는데 무슨 까닭에선지 햇빛만 찾아다니는 습성에 젖어 있었다. 마치 햇빛가루로만 숨을 쉬는 아이 같았다. 땅바닥이 하얗게 타들어가는 여름 대낮에도 마찬가지였다. 끝끝내 햇빛 속에 오두마니 앉아 있었다. 집에서 놀 때 동생의 자리는 언제나 장독대였다. 거기는 하루 종일 충분한 햇빛이 고여 있었다. 골목에서 놀 때는 햇빛을 따라 조금씩 자리를 옮겨가며 놀았다. 마치 향일성 식물 같은 애였다.

그렇다. 해거름녘이었다.

해거름녘에 그 괴상한 영감탱이는 석양을 등진 모습으로 느닷없이 불쑥 우리 앞에 나타났다. 동생은 여전히 장독대에 오도마니 앉아 있었다. 멀리 장암산 너머로 깝북 해 하나가 잠겨들고 있는 중이었다. 내려다보이는 도시 여기저기에 푸득푸득 해의 비늘들이 떨어지고 있었다. 하늘에는 감빛 노을이 질펀하게 깔려 있었고 그리로 무슨 새 한 마리가 천천히 떠내려가고 있는 것이 보였다.

그 괴상한 영감탱이는 갑자기 땅에서 솟아오른 것 같은 느낌이었다. 우리는 모두 약간씩 당황한 표정들이었다. 자세히 보니 영감탱이는 동냥자루 같은 것을 들고 있었다. 그러나 동냥을 달라는 말은 하지 않았다. 그저 묵묵히 마당 가운데 서 있었다. 도무지 동냥 따위엔 관심이 없는 것 같았다. 영감탱이는 오래도록 동생만 바라보고 서 있었고, 동생은 여전히 먼 산만 바라보고 앉아 있었다.

—이외수의 중편소설「장수하늘소」중에서

박정달 씨는 국민학교 전학년을 수료하는 동안 모든 운동 경기에서 단 한 번도 꼴찌를 면해 본 기억이 없는 사람이었다.

체육 시간에 분단별로 달리기 시합을 할 때도 그랬고 쉬는 시간에 편을 짜서 씨름을 할 때도 그랬다. 언제나 꼴찌였다. 공차기를 하면 헛발질의 명수였고 공받기를 하면 헛손질의 명수였다. 기마전에서는 언제나 말에서 제일 먼저 떨어졌고 술래잡기에서는 언제나 제일 먼저 술래에게 붙잡혔다.

편을 짜서 하게 되는 그 어떤 놀이에서도 아이들은 결코 그와 같은 편이 되기를 원치 않았다. 아니다. 우선 그와 같은 편이 되고 말고를 따지기 이전에 그를 그 놀이에 끼워 주느냐 안 주느냐부터 따져야 했다. 그리고 끼워 주기로 결정되면 그는 잘하는 애 한 명이 이쪽 편에 있을 때 덤으로 얹혀지는 배역을 맡곤 했다.

그러나 그가 끼인 편이 이겨 본 적은 거의 없었다. 그는 무슨 실수이든지 저질러 놓고야 말았다. 그래서 자기 편이 지게 되는 아주 중대한 사태를 만들어놓고야 말았다. 게임이 끝나고 나면 그는 언제나 더할 수 없는 원성을 감수해야만 했다.

그는 자기 차례만 돌아오면 항시 숨통이 꽉 막히고 아랫도리가 후들후들 떨려왔다. 이번에는 잘 해야지, 절대로 실수를 하지 말아야지, 하고 속으로 골백번도 더 다짐을 해보지만 결과는 언제나 마찬가지였다.

—이외수의 장편소설『칼』중에서

## | 사건

　사건이 없는 소설은 물고기가 없는 수족관이다. 사람들이 잠시 눈길을 주기는 하지만 물고기가 없다는 사실을 알게 되면 이내 고개를 돌려버린다.

　소설에서 사건을 만들어주는 일은 수족관 속에다 물고기를 방류하는 일과 흡사하다. 수족관 속에다 물고기를 방류하는 순간 비로소 수족관은 존재가치를 가진다. 어떤 물고기든 상관이 없다. 그러나 가급적이면 특색이 있는 물고기가 좋을 것이다. 힘들게 글을 써서 비난받는 결과를 초래하고 싶지 않다면 흔해빠진 열대어나 금붕어 또는 생명이 없는 플라스틱 물고기 따위는 절대로 방류하지 말라.

　소설에서의 플라스틱 물고기는, 독자들이 누구나 생각할 수 있는 소재, 다른 소설과 유사한 사건, 지나치게 상투적이면서도 일상적인 발단 전개 절정 결말들을 말한다.

### 사건의 발단

　사건이 시작되는 단계에 해당한다. 작중인물을 갈등구조로 끌어들이기 위한 준비단계이며 독자들을 소설 속으로 끌어들이기 위한 준비단계이다. 이 단계에서는 독자들의 호기심이나 기대감을 촉발시키면 된다. 수족관을 예로 들자면 물고기 한 마리를 집어넣는 단계다. 예를 들어 설명하겠다.

주인공이 미유기라는 물고기 한 마리를 수족관 속에 집어넣었다고 가정하자. 미유기는 청정한 하천 상류, 이른바 일급수에만 서식하는 한국의 특산어종이다. 메기와 흡사하게 생겼다. 주인공은 미유기에 대해서 각별한 애정을 가지고 있는 남자다. 그래서 수족관도 완벽하게 미유기의 서식조건을 갖추고 있다. 그러나 작중인물의 약혼자는 꿈틀거리는 모든 것들을 병적으로 싫어한다.

### 사건의 전개

인물이나 배경을 바탕으로 사건이 진행되면서 표면적으로 갈등이 드러나는 단계다. 이 단계에서 독자들을 몰입시키지 못하면 소설은 실패할 가능성이 농후하다. 계속적으로 수족관을 예로 들어 설명하겠다.

주인공이 한 달 동안의 해외출장을 떠나면서 약혼자에게 미유기를 돌봐 주기를 당부한다. 미유기는 육식성 어류다. 주인공은 낚시점에서 지렁이를 사다가 하루에 한 마리씩만 먹이라고 약혼자에게 당부한다. 약혼자는 마지못해 그러겠다고 대답했지만 지렁이도 징그럽고 미유기도 징그러워서 약속을 지키지 못한다.
주인공이 해외출장에서 돌아와 보니 미유기가 무척 야위어 있다. 주인공은 약혼자를 추궁해서 먹이를 한 번도 주지 않았다는 사실을 알아낸다. 그리고 그녀와의 결혼을 재고해 보기 시작한다. 자주 말다툼이 벌어진다.

## 사건의 절정

갈등이 최고조에 이르는 단계다. 사건에 따라 독자들의 감정도 최고조에 이르는 단계다. 긴장감을 유지하고 작가 작품 독자가 삼위일체가 되도록 혼신의 힘을 불어넣는 단계다. 전개 부분에서 결혼을 재고해 보던 주인공이 어떤 결정을 내렸을까.

주인공은 물고기 한 마리 때문에 약혼자를 버릴 수가 없었다. 그래서 꿈틀거림에 대해 거부감을 가지고 있는 약혼자를 변화시키기로 작정하고 여름이 시작될 무렵부터 약혼자에게 강제로 낚시를 가르치기 시작한다.

그러나 약혼자는 낚시를 완강하게 거부한다. 때로는 낚시터까지 따라갔다가 주인공이 낚시에 몰두해 있는 사이 집으로 도망쳐 버리기도 한다. 그래도 주인공은 약혼자에게 낚시를 가르치겠다는 일념을 버리지 않는다. 자주 격렬한 말다툼이 벌어지고 마침내 주인공은 폭력을 행사하기 시작한다. 주인공도 약혼자도 서로에 대한 적대감이 극에 달한다.

그런데 어느 날 약혼자가 갑자기 결의에 찬 표정으로 낚시를 배우겠다는 의사를 내비친다. 그날부터 약혼자는 이를 악물고 낚시를 배우기 시작한다.

### 사건의 결말

지금까지 끌고 온 사건이나 갈등을 종결시키는 단계다. 독자들에게 어떤 형태로든 감동과 여운을 남겨야 하는 단계다. 갈등을 겪은 주인공과 약혼자는 도대체 어떤 결말에 도달했을까.

가을이 시작될 무렵 약혼자는 꿈틀거림에 대한 거부감을 완전히 극복하게 되었다. 혼자서도 낚시바늘에 지렁이를 끼울 수도 있게 되었고 자기 손으로 물고기를 잡아서 어망에 넣을 수도 있게 되었다. 주인공은 비로소 약혼자를 결혼해도 무방한 여자라고 생각한다.
주인공의 생일날.
퇴근해서 집으로 돌아오니 식탁 위에 촛불이 켜져 있고 생일상이 차려져 있다. 그러나 약혼자는 보이지 않는다. 그런데 식탁 한복판에 놓여 있는 접시가 유난히 눈길을 끈다. 자세히 들여다보니 하얀 접시에 미유기 한 마리가 소금구이로 놓여 있다. 가슴이 철렁 내려앉는다. 수족관을 보니 속이 텅 비어 있다.

## 생활 속의 모든 사건이 작품의 소재가 되지는 않는다

인생은 사건의 연속이다. 그리고 세상은 사건으로 가득차 있다. 날마다 사건이 일어나고 사건에 의해서 세상은 변화한다.

물론 사건이 없는 소설도 있다. 기존의 이론이나 방식들을 탈피해서 나름대로의 실험을 통해 독보적인 작품을 발표하는 작가들이 있다. 어떤 작가들은 그런 경로를 통해 문학적인 명성을 날리기도 한다. 그러나 초보자들은 각별히 경계할 필요가 있다. 나는 수많은 문학도들이 이상(李箱)의 흉내를 내다가 자기도 이해하지 못하는 문자들을 배설하고 자멸하는 모습을 보았다. 예술이 창조정신을 바탕으로 한다는 사실을 망각한 소인배들이 자신을 심오한 존재로 위장하기 위해 대가들의 흉내를 내지만 결과적으로는 적나라한 치기만 드러낼 뿐이다.

국어사전에서는 뜻밖에 일어난 일을 사건이라고 풀이하고 있다.

날마다 밥 세끼를 먹던 사람이 오늘도 밥 세끼를 먹는다. 소설의 사건으로는 마땅치 않다. 그러나 날마다 밥 세끼를 먹었던 사람이 오늘은 죽 세끼를 먹었다면 분명히 무슨 사연이 있을 것이다. 그렇다. 소설에서의 사건은 기본적으로 보편성을 벗어나서 무슨 사연을 끌어들인다. 사건은 무슨 사연을 끌어들이는 실마리가 되어야 한다. 지극히 평범한 인간이 지극히 평범한 행동을 일삼으면 아무 사연도 끌어들이지 못하기 때문에 소설의 사건으로서는 마땅치 않다. 물론 탁월한 재능을 가진 작가라면 평범한 인간의 평범한 행동으로도 얼마든지 훌륭한 작품을 쓸 수가 있지만.

### 완벽한 허구를 창조하라

소설에는 우연이 없다.
소설에는 합리성과 필연성이 있을 뿐이다.
사건구성에 재능이 없는 작가일수록 우연을 남발하게 된다. 아래 예문을 보자.

주인공이 영화를 한 편 때리기 위해 극장으로 간다. 그리고 극장 앞에서 우연히 첫사랑 여자를 만나게 된다. 여자는 다행히 혼자다. 주인공은 영화를 보는 대신 가까운 카페에서 이야기나 나누자고 제의한다. 여자가 흔쾌히 동의한다. 주인공이 첫사랑 여자를 데리고 가까운 카페로 들어선다. 그런데 절친한 친구녀석이 앉아있다. 절친한 친구녀석이 주인공에게 묻는다. 니들 서로 아는 사이였냐.

복선도 없는 우연이 세 가지나 겹치고 있다. 연속극이나 만화책에서 흔히 볼 수 있는 상황이다. 그러나 소설의 기본을 아는 작가라면 절대로 우연을 남발하지 않는다. 약간의 지능만 갖추고 있는 독자라면 재능 없는 작가가 우연을 남발해서 독자와 문학을 동시에 우롱하고 있다는 사실을 대번에 눈치채게 된다.

### 상징적 의미의 효용성

어떤 사건을 소재로 삼았을 때 작가는 먼저 그 사건이 간직하고 있는 상징적 의미를 되새겨보아야 한다. 사건이 삶의 본질이나 존재의 본질에 깊은 연관성을 가지고 있을 때 상징적 의미가 드러난다. 작가가 상징적 의미를 되새겨보지 않고 사건을 연출하면 독자들은 작품에서 깊이나 무게를 느끼지 못한다. 뿐만 아니라 상징적 의미가 내포되지 않은 사건은 의도가 불분명하고 주제와 동떨어진 느낌을 주게 된다.

### 사건의 실제

무슨 소리였을까.

잠결이었다. 갑자기 날카로운 파열음이 들렸다. 분명히 딸애의 방에서 돌출된 소리였다. 유리가 박살나서 흩어지는 소리 같았다. 김인혜(金仁惠) 여사는 반사적으로 자리에서 일어나 모든 감각신경을 곤두세우고 소리의 정체를 탐문해보고 있었다. 실내에는 흐린 주황색 조명들이 켜져 있었다. 사물들은 깊은 마취상태에 빠져 있었다. 탁상시계만 졸음에 겨운 눈으로 불침번을 서고 있었다. 새벽 두 시였다.

불길한 꿈이었어.

김인혜 여사는 잠결에 들었던 파열음을 떠올리며 불안감에 사로잡히고 있었다. 지난밤 레밍이라는 동물의 집단투신자살에 관한 글을 읽다가 잠이 들었다. 그녀는 꿈에 레밍을 보았다. 처음에는 앙증맞게 생긴 레밍 한 마리가 응접실 다탁 위에 앉아 있었다. 툰드라에 서식한다는 동물이 왜 여기에 있는 거지. 그녀는 꿈 속에서도 레밍이 응접실 다탁 위에 앉아 있다는 사실에 의구심을 느끼고 있었다. 그런데 녀석이 순식간에 커져버렸다. 알고 보니 집쥐였다. 그 사실을 의식하는 순간 온 집안에 쥐들이 들끓기 시작했다. 주방에도 쥐들이 들끓고 있었고 안방에도 쥐들이 들끓고 있었다. 응접실의 소파가 엉망으로 헤집어져 있었고 베란다의 화초들이 엉망으로 헤집어져 있었다. 그녀는 아파트 경비원을 부르는 수밖에 없다는 판단을 내렸다. 여보세요. 여보세요. 그러나 전화기는 먹통이었다. 그때 날카로운 파열음이 그녀를 잠에서 깨어나게 만들었다. 아무리 생각해도 기분 나쁜 꿈이었다.

— 이외수 장편소설 『괴물』 중에서


"눈 온다."

그가 말했다.

그의 눈동자는 아직도 초점이 약간 풀어져 있는 것 같았다. 초점이 약간 풀어져 있는 그의 눈동자에도 지금 유리창 밖으로 합창처럼 자욱하게 쏟아져 내리고 있는 함박눈이 보이는 것일까. 보인다면 어떤 마음의 동요를 느끼고 있는 것일까.

우리가 마치 통속한 연속 방송극의 주인공들처럼 눈 오는 날 처음으로 만났었다는 것을 기억할 수 있을지도 모르겠다. 그 시간으로부터 출발해서 다시 이 시간까지 이번에는 혹시 기억을 되살려 낼 수 있을지도 모르겠다.

그리하여 그가 실종당했던 3개월 동안 어디서 무슨 일을 겪었으며, 왜 이리로 오게 되었는가를 내게 말해 줄 수 있을는지도 모르겠다.

처음보다는 상태가 매우 좋아져 있는 것 같았다.

병원 측의 연락을 받고 그의 부모님들이 면회를 다녀간 다음주 수요일에 나는 그를 처음으로 면회했었다. 완전히 딴판으로 변해 있었다.

말도 횡설수설 조리가 없었다. 나를 보더니 눈을 흘기며 히죽이 웃었다. 다 안다, 라고 느닷없이 말하기도 했었다. 무엇을 다 안다는 것이었을까. 내가 다시 현오와 급격히 가까워지고 그리하여 임신을 하게 되었다는 것을 다 안다는 것이었을까. 그때는 나도 확실히 몰랐었는데.

"눈 온다."

그가 다시 말했다.

"시내엔 교통이 거의 마비된 상태였어요."

그러나 시내 얘긴 괜히 했다. 그는 지금 갇혀 있는 것이다. 면회를 오면 항상 어떻게 해야 좋을는지 알 수가 없었다. 도무지 대화가 이루어지지 않았다. 지금도 마찬가지였다.

"눈 온다."

그는 그 말만 자꾸 되풀이하고 있었다. 눈이 그칠 때까지 결코 다른 말을 할 수가 없다는 듯한 태도였다.

이따금 면회자들이 자욱한 함박눈을 헤치며 병원 정문을 들어서서 면회실 쪽으로 오고 있었다. 그 모습은 마치 저 북극의 겨울 풍경이 나오는 어떤 영화의 한 장면처럼 센티멘털한 느낌을 불러일으키고 있었다.

"탁구 치고 싶다."

그가 갑자기 대사를 바꾸었다. 그러나 그의 시선은 여전히 창 밖을 내다보고 있었다.

—이외수의 단편소설「붙잡혀 온 남자」중에서


그날도 바람이 몹시 불었다. 박순경은 로터리 한복판에서 호루라기를 불며 교통정리를 하고 있었다. 조금 전까지만 하더라도 도로는 출근하는 사람들과 등교하는 학생들과 오고 가는 차량들로 붐비고 있었다. 그러나 한 시간 정도 그런 현상이 계속되다가 급작스럽게 도로는 한산해졌다. 신호등이 있기 때문에 이쯤에서 그는 퇴장해야겠다는 생각을 하고 있었다. 그때 그의 시야에 이상한 장면 하나가 포착되었다.

신호대기에 걸려 있는 차량들 사이를 비집고 노인 하나가 당나귀를 탄 채 하얀 두루마기를 펄럭거리며 당당한 모습으로 로터리 한복판을 향해 직진해 들어오고 있었다. 그 재래식 교통기구는 신호를 완전히 무시해 버린 상태였다. 아이 하나가 고삐를 쥐고 운전수 노릇을 하고 있었는데 딱지를 떼려면 얼마든지 떼라는 듯한 태도였다. 그 재래식 교통기구의 출현에 당황한 최신식 교통기구들이 신경질적인 동작으로 몸을 피하며 요란하게 경적을 울려대고 있었다. 그러나 노인 일행은 주위의 상황에 대해서는 전혀 관심이 없는 듯한 표정이었다.

"경찰관을 뭘로 아는 거야."

박순경이 요란하게 호루라기를 불면서 그들에게로 달려갔다. 그들은 거의 로터리 중심부에까지 진입해 들어오고 있었다.

—이외수의 장편소설 『벽오금학도(碧梧金鶴圖)』 중에서

하나님, 지금 저하고 장난치시는 겁니까.

나는 혼잣소리로 중얼거렸다. 보름인데도 달이 뜨지 않다니, 이런 어처구니없는 현상을 만들어낼 수 있는 존재는 하나님밖에 없다는 생각이 들었다. 저물녘부터 봉의산(鳳儀山) 정상에 올라가 밤새도록 하늘을 쳐다보고 있었기 때문에 조금만 고개를 움직여도 목관절이 뚝꺽거리면서 노골적인 불만을 표출했다. 너만 고생했냐 싸가지 없는 목관절. 하지만 목관절만을 탓할 상황이 아니었다. 이미 모든 관절과 근육들도 인내심을 상실한 상태였다. 나는 두 팔을 벌리고 심호흡을 하기 시작했다.

새벽이 오고 있었다. 그러나 아직 도시는 잠에서 깨어나지 않고 있었다. 애국가에는 대한민국을 무궁화 삼천리 화려강산이라고 표현하고 있지만 대부분의 도시가 오염물질로 찌들어 가고 있었다. 그러나 아직도 춘천은 건재한 편이었다. 새벽이 오는 시각, 심호흡을 할 때마다 냉각된 박하분말처럼 청량한 공기가 폐부 깊숙이 스며들고 있었다.

어제는 보름이었다. 나는 봉의산 중턱에 자리를 잡고 밤새도록 달이 떠오르기를 기다리고 있었다. 그러나 새벽까지 달은 떠오르지 않았다. 분명히, 지난달 보름에도 나는 이 자리에서 달이 떠오르기를 기다렸었다. 그리고 당연히, 구봉산(九峯山) 머리에 두둥실 보름달이 떠오르는 장면을 목격했었다. 멀쩡한 날씨에 멀쩡한 눈을 가진 사람이 보름날 밤에 보름달을 목격했다는 사실은 절대로 대단한 일이 아니었다. 지극히 정상적인 일이었다. 그러나,

그러나 어제는 보름인데도 달이 떠오르지 않았다. 새벽까지 기다려 보았지만 달이 떠오르지 않았다. 황당했다. 나는 갑자기 달이 하늘에서 종적을 감추어 버렸다, 라고 생각할 수밖에 없었다. 아무리 골을 싸매고 생각해 보아도 전혀 해명이 되지 않는 현상이었다. 지구가 신경안정제를 다량으로 복용하고 자전을 멈추어 버렸을 리도 만무하고, 달이 모성(母星)인 지구에 불만을 품고 다른 행성으로 이민을 갔을 리도 만무했다. 나는 달의 행방을 생각하면서 극심한 혼란에 사로잡히고 있었다.

"이야호오."

"이야호오."

누군가 약수터 근처에서 목청껏 메아리를 부르는 소리가 들리기 시작했다.

―이외수의 장편소설 『장외인간(場外人間)』 중에서

## | 배경

배경에는 시간적 배경과 공간적 배경이 있다.

시대, 계절, 날짜 등은 시간적 배경에 해당하고 장소, 건물, 위치 등은 공간적 배경에 해당한다.

작중인물의 감정은 시간적인 배경과 공간적인 배경에 따라 고조되기도 하고 저하되기도 한다. 배경 역시 합리성과 필연성이 있어야 한다.

작중인물이 생활고를 비관해서 음독자살을 감행하는 장면을 연출하려고 한다. 독자들로 하여금 비애감을 느끼게 만들고 싶다. 가장 적절한 장소는 어디이며 가장 적절한 시간은 언제일까.

카뮈의 소설 『이방인』을 보면 주인공 뫼르소가 해변에서 강렬한 햇빛 때문에 살인을 저지르는 장면이 나온다. 이 소설에서는 시간적인 배경과 공간적인 배경이 일반적인 시각으로 보기에는 무모하기 짝이 없는 주인공의 살인을 필연적이고 합리적인 행위로 만들어 준다.

아래 이외수의 소설에 쓰여진 배경을 몇 가지 예문으로 제시해 보겠다.

## 배경의 실제

산사의 겨울은 적요하다. 밤이면 끊임없이 반야바라밀다의 주문을 암송하면서 어디론가 내달아가는 개울물 소리. 아제아제 바라아제 바라승아제 모제사바하. 잡념의 이파리를 모조리 털어낸 나무들이 달빛 아래 앙상한 가지를 드러낸 채 묵언참선에 들어가 있다.

윤현부는 자신이 파천사에 들어와 몇 해째의 겨울을 맞이하고 있는지 기억이 모호하다. 그는 목불에 관계된 일이 아니면 세속적인 일에는 일체 관심을 기울이지 않는다. 잡념을 버리지 않으면 칼과의 합일을 이룰 수 없고 칼과의 합일을 이룰 수 없으면 망아(忘我)에 들지 못한다. 망아에 들지 못하면 속기(俗氣)를 버릴 수 없고 속기를 버릴 수 없으면 부처에 이를 수 없다. 그는 자신을 부처에 이르도록 만들기 위해 목불을 깎는 것이 아니라 자신이 도살한 가축들을 부처에 이르도록 만들기 위해 목불을 깎는다.

과연 그때가 언제쯤일까. 아제아제 바라아제 바라승아제 모제사바하. 아직도 개울물은 반야바라밀다의 주문을 암송하고 있다. 이제 윤현부의 칼날은 부처님 발밑의 연화대(蓮花臺)를 다듬기 시작한다. 최종적인 마무리 작업이다. 예전에는 칼을 놀려 가축의 살점을 썰었고 지금은 칼을 놀려 부처의 미소를 훔친다. 칼날이 한겨울 살얼음 속에서 은빛 비늘을 번뜩거리면서 노닐고 있는 물고기처럼 날렵하다. 하지만 칼날이 자꾸만 헛놀아서 목불 하나를 깎으면서 몇 번씩이나 손가락을 난도질하던 시절도 있었다. 세상에는 공짜가 없다는 말도 가슴 깊이 곱씹어보면 법문이다.

    윤현부는 연화대 손질을 끝내자 요의(尿意)가 느껴져 밖으로 나갔다. 눈 덮인 산들이 달빛 아래 무릎을 감싸고 앉아 말없이 파천사를 내려다보고 있다. 해우소로 걸음을 옮겨놓을 때마다 개울물이 암송하는 반야바라밀다의 주문 소리가 고조되고 있다. 해우소에서 볼일을 끝내고 돌아오는 길에 법당에서 나오는 서초보살과 마주쳤다. 머리카락 한 올조차도 흐트러짐이 없는 모습이다.
    —이외수의 장편소설 『괴물』 중에서

    실내는 촉수 낮은 백열전등이 켜져 있었고 무슨 기계인가가 웅웅웅 끊임없이 두통을 앓는 소리를 내고 있었다. 그 소리는 천장에서 나는 소리 같기도 하고 벽 속에서 나는 소리 같기도 했다.
    이 임시대피소의 연습 피난민들은 더러는 웅크리고 앉아서, 더러는 짐짝에 기대어 또 더러는 서성거리며 한시바삐 이 전쟁이 끝나주기를 간절히 간절히 빌고 있는 듯한 표정들이었다. 그들은 모두 땀을 뻘뻘 흘리고 있었고, 쉴 새 없이 뭐라고 떠들어대고 있었다. 그러나 그들의 말소리는 웅웅거리는 기계 소리에 섞여 전혀 뜻을 알아들을 수가 없었다.
    —이외수의 장편소설 『꿈꾸는 식물』 중에서

    지독하게 무더운 날씨였다. 난사되는 햇빛 속에서 쓰르라미들이 시끄럽게 울어대고 있었다. 나무들이 어깨를 축 늘어뜨린 모습으로 빈혈에 시달리고 있었다. 바람은 불지 않았다. 수면이 정지해 있었다. 정지해 있는 수면 위를 더위에 지친 잠자리들이 추락할 듯 위태로운 몸짓으로 날아다니고 있었다.

—이외수의 장편소설『황금비늘』중에서

하늘이 서서히 붉어지고 있었다.

하늘의 빛깔에 따라 바다의 빛깔도 서서히 살아나고 있었다. 갑자기 천지가 새로 시작되고 있는 듯한 느낌이 들었다. 그러다가 찬란한 주황의 광채가 차츰 절정을 이루더니 바다가 끓는 듯 붉게 출렁거리기 시작했다. 용광로의 바다였다. 무엇이든지 집어넣기만 하면 대번에 녹아 없어져 버릴 것 같았다. 삽시간에 천지는 눈부신 광채로 번뜩거리기 시작했다. 머릿속에서 수없는 현기증이 짜릿짜릿한 전류처럼 퍼져나가고 있었다.

수천만 개의 칼날들이 새빨갛게 달구어져 바다 가득히 널려 있는 것 같았다. 그 칼날들은 어떤 거대한 힘에 의하여 백사장 쪽으로 한꺼번에 붉게 번뜩거리며 밀려들고 있는 것 같았다. 때로는 붉고 거대한 뱀이 되어 허리를 뒤채이며 잠겨들고 있는 것 같기도 했다.

이윽고 그러한 바다의 끝부분에서 약간 흐늘거리는 듯한 느낌이 아지랑이처럼 번지는가 싶더니 붉게 이글거리는 해가 비쭉이 머리를 내밀기 시작했다. 온천지가 주홍 물감에 흥건하게 젖어들면서 자지러질 듯한 황홀감이 충만하게 내 몸 속에 치솟아오르기 시작했다. 나는 숨을 죽이며 그 광경을 바라보고 있었다. 해는 약간 일그러지는 듯한 느낌으로 너울거리면서 조금씩 조금씩 바다 밖으로 치솟아오르고 있었다. 아주 느린 동작 같았으나 의외로 그것은 빠르게 진행되어져서 어느새 거의 둥근 모습을 갖추고 있었다.

  형언할 수 없는 생명력이 온 바다에 경건한 합창처럼 내리쌓이고 있었다. 일체의 주검이 다시 부활하고 일체의 더러움이 파묻혀지는 듯한 느낌이었다.

—이외수의 장편소설 『들개』 중에서

# 문체

문체는 작가의 내면을 그대로 반영한다. 뿐만 아니라 작가의 개성을 형성하는 요소가 되기도 한다.

수사학적으로는

길이에 따라 만연체(蔓衍體), 간결체(簡潔體)

느낌에 따라 우유체(優柔體), 강건체(剛健體)

수식에 따라 화려체(華麗體), 건조체(乾燥體)

등으로 분류된다.

기미독립선언문은 만연체로 쓰여졌다. 중간에 쉼표들이 없으면 낭독하다가 호흡곤란으로 쓰러져버릴 정도로 문장이 길다. 한 문장이 거의 교과서 한 페이지를 차지할 정도다.

고대소설들은 대부분 만연체로 쓰여졌다. 이는 시대적 정서와 무관하지 않다. 추정컨대, 옛날 사람들은 현대인들처럼 허겁지겁 시간에 쫓기면서 살지는 않았다. 그래서 문장이 그렇게 길어도 조급증을 느끼지는 않았다. 그러나 현대에 이르러서는 간결체가 많이 쓰여진다. 시간에 허겁지겁 쫓기면서 살아가는 정서가 간결체를 선호하도록 만들지는 않았을까.

부드러운 느낌을 주면 우유체고 딱딱한 느낌을 주면 강건체다. 수식어가 많으면 화려체고 수식어가 없으면 건조체다. 이것은 작가의 취향에 따라 결정된다. 물론 작가의 성정 그대로가 문체에 드러나는 경우도 있지만 때로는 작가의 결핍된 정서를 보완할 목적으로 자신이 가지고 있는 정서와 반대되는 문체를 선호하는 경우도 있다.

이런 방식의 분류는 국어시험을 준비하는 학생들에게는 유용하다. 그러나 데뷔작품을 준비하는 작가 지망생들에게는 무용지물이다. 작가 지망생들에게는 정답 맞추기 따위는 중요하지 않다. 정답 맞추기보다는 어떻게 하면 개성 있는 문체를 만들 수 있을까에 골몰하라.

## | 서술적 문체와 묘사적 문체

소설은 대사를 위주로 하는 희곡이나 시나리오와 달라서 지문이 작가적 역량과 개성을 결정한다.

이야기의 전달만으로 소설이 된다는 생각을 버려라. 이야기의 전달만으로 소설이 된다면 서술적 문체만으로도 충분히 목적을 달성할 수 있다. 그러나 소설은 다양한 표현방식을 통해 문학적 정서까지를 전달할 수 있어야 한다. 그래서 묘사적 문체가 필요하다.

 그날도 나는 아침에야 지쳐서 잠이 들었다. 그리고 눈을 떴을 때. 책상 위에 놓여 있는 탁상시계는 뻔뻔스럽게도 오전 아홉시 십분쯤에다 두 팔을 내던진 채 자기는 한 이만 년 전부터 그렇게 숨이 넘어가 있었다는 듯한 표정으로 시침 뚝 떼고 죽어 있었다. 주위는 쥐 죽은 듯 고요했다. 방바닥에는 여름 대낮의 황금빛 햇볕 한 장이 평행사변형으로 눈부시게 깔려 있었으며, 거기 황금빛 햇볕 속에 한쪽 귀를 적시고 엽서 한 장이 졸고 있었다. 나는 그 엽서를 보는 순간 갑자기 살갗이 깨끗하게 소독되는 듯한 느낌이었다. 그러나 나는 하품을 한입 크게 베어물고 그 엽서를 마지막 담배처럼 아끼면서 잠시 한눈을 팔고 있었다.
 달력을 보았다. 요일을 알 수가 없었다. 날씨도 알 수가 없었다. 달력 속에는 눈부신 백색만으로 지어진 미코노스 항구의 건물들이 푸른 바다를 배경으로 오수에 잠겨 있었다.
 탁상시계를 집어들었다. 그리고 놈의 내장이 터져버릴 때까지 밥을 주겠다는 듯 있는 힘을 다해 태엽을 감았다. 곧 놈은 강렬하게 저항했다. 도로 책상 위에다 놓아주었다. 그러면서 나는 혀끝으로 아주 맛있는 음식을 조금씩 핥으며 오래도록 그 감미로움에 잠기듯 눈으로 엽서를 약간씩만 스쳐보면서 반가움을 즐기고 있었다.
       ―이외수의 장편소설 『꿈꾸는 식물』 중에서

앞의 예문을 서술적 문체로 바꾸어보자.

그날도 나는 아침에야 지쳐서 잠이 들었다. 잠에서 깨어나니 탁상시계가 아홉시 십분에서 죽어 있었다. 방바닥에 엽서 한 장이 놓여 있었다. 탁상시계의 태엽을 감아 주었다. 그러면서 나는 엽서를 곁눈질하고 있었다.

내용전달에는 무리가 없다. 그러나 앞의 예문에 비하면 현장감이 현저하게 떨어진다. 다음 세 문장은 같은 내용을 담고 있지만 서술적 문체에서 묘사적 문체로 변형되는 과정을 보여준다.

고물 자동차가 언덕을 기어오르고 있다.
고물 자동차가 힘겹게 언덕을 기어오르고 있다.
고물 자동차가 가래 끓는 소리를 뱉어내면서 힘겹게 언덕을 기어오르고 있다.

묘사적 문체는 감각의 정밀성을 요구한다. 평소 사물을 건성으로 보아 넘기는 습관을 버려야만 묘사적 문체를 능숙하게 구사할 수 있다.
유능한 주방장은 먹어서 즐거움을 느끼는 음식을 만들지 설명해서 즐거움을 느끼는 음식을 만들지는 않는다. 서술적 문체가 독자들에게 육개장이 맛있다고 말해주는 수준이라면 묘사적 문체는 독자들에게 육개장을 먹여주는 수준에 해당한다.

## | 대사

소설에서의 대사는 다양한 역할을 수행한다. 때로는 사건의 복선, 발단, 전개, 절정, 결말을 간접적으로 거들어주는 역할을 수행하며 또 때로는 인물의 성격, 감정, 지성의 정도를 직접적으로 표출해 주기도 한다. 따라서 필연성이 없는 대사를 남발하는 일이 없도록 하라.

날마다 끼니를 거르는 놈도 아닌데 '밥 먹었냐'라고 묻는다던가, 마치 공식이라도 되는 양 '못 먹었어요'라는 대답으로 고귀한 원고지를 두 줄씩이나 잡아먹는 범죄를 저지르지 말라.

"밥 먹었냐."
"못 먹었어요."
"한심하구나."

너무나 일상적인 대사다. 도대체 무슨 효과가 있단 말인가. 지나치게 리얼리티를 중시하는 작가 지망생들이 이와 같은 일상적 대사를 당연시하는 성향이 있다. 하지만 소설은 창조되는 문학이지 기록되는 문학이 아니다. 일상적 리얼리티보다는 창조적 리얼리티를 구사하라. 현실 그대로는 언제나 예술이 되지 않는다.

"밥 빌어다가 죽 쑤어 먹을 놈."
"저보고 하시는 말씀인가요."

"그럼 벽보고 하는 말인 줄 알았냐."

"무슨 뜻인가요."

"성정이 게으른 놈이 식견마저 없을 때 쓰는 말이다."

지문이 정적(靜的)인 속성을 가지고 있다면 대사는 동적(動的)인 속성을 가지고 있다. 위의 예문에서 '저보고 하시는 말씀인가요'라는 질문에 상투적으로 '그럼 여기 너 말고 누가 있냐'라는 대답을 갖다 붙이면 그 다음부터는 대사의 탄력이 죽어버린다. 촌철살인하는 한마디를 내뱉을 수는 없더라도 필연성이 결여된 헛소리를 내뱉지는 말아야 한다.

### 대사의 실제

"나는 이제 마흔 살이 되었다네."

박정달 씨는 공중전화 부스에서 심각한 표정으로 친구에게 전화를 걸고 있었다. 겨울이었다. 해가 지고 있었다.

"오늘이 자네 생일인가?"

"아닐세."

식어 빠진 알루미늄색 햇빛 한 자락이 공중전화 부스 유리문에 기력 없이 드리워져 있었다.

"내 생일은 벌써 두 달 전에 지나가 버렸네."

"잘 안 들리는군. 큰 소리로 이야기하게."

전화기 속에는 심한 잡음들이 가득 들어차 있는 것 같았다. 뚜껑을 열고 술질을 하면 건조한 말의 부스러기들이 바스러진 지푸라기처럼 부스스 떨어져 내릴 것 같았다.

"서른 살 때보다 형편이 나아진 것이라곤 전혀 없다네."

"감이 너무 멀다니까."

"마누라도 이제는 너무 낡아버려서 내다버리고 싶은 심정이라네."

"우리 마누라 말인가?"

"아니. 우리 마누라 말일세."

"자네 마누라가 어떻게 되었다는 건가?"

대화가 서로 엇갈리고 있었다.

"아이들도 이제는 내게서 전혀 위엄 같은 걸 느끼지 않고 있다네."

"아이들이 위험을 느낀다니 무슨 말인가?"

"위험이 아니라 위엄 말일세."

혼선이 되었는지 점차로 잡음이 심해지고 있었다. 전혀 낯선 음성들이 또다른 내용의 대화로 통화를 하고 있는 소리도 섞여 들리고 있었다.

"인생은 사십부터라는 말을 어떻게 생각하나?"

"뭐라고 했나?"

"인생은 마흔 살에 끝장이라구 했네."

이때 통화 제한을 알리는 신호음이 몇 번 규칙적으로 박정달 씨의 고막에다 자극을 가해 왔다.

"이젠 끊어야겠군. 건투를 비네."

"권투?"

그러나 어느새 통화는 끊어져 있었다..

—이외수의 장편소설 『칼』 중에서

침한이 방으로 들어서자 노인은 지필묵들을 대충 탁자 위에다 정돈하고 아이를 방바닥에다 누이는 일을 거들었다.

"어찌된 아이인가. 속가에서 어느 계집이라도 건드렸는가."

노인이 물었다.

"저잣거리에서 사자새끼 한 마리를 만났다네."

침한의 대답이었다.

"자네 어깨의 상처는 어쩌다가 생긴 것인가."

침한의 내의에 피가 후박잎처럼 생긴 얼룩으로 말라붙어 있었다.

"사자새끼의 발톱 자국이라네."

"예리한 칼자국 같은데 자네 하마터면 견장혈을 맞을 뻔했구만."

"아주 사나운 놈일세."

"그야말로 살불살조하는 놈인 모양이지."

침한은 기특하다는 듯 아이의 궁둥이를 몇 번 가벼이 두드려주었다.

"왜 때려 씹새꺄."

아이가 느닷없이 잠꼬대를 되풀이하고 있었다. 그러나 노인은 그 말이 무슨 뜻인지 알아듣지 못한 듯한 표정이었다.

"자네의 도를 먼저 알게 한 다음 부처의 도를 알게 하겠네."

"내가 무슨 도를 가르칠 수가 있단 말인가."

"심부름이나 시키면서 데리고 있으면 저절로 알 만한 재목일세. 사자새끼는 어쨌거나 사자 품에서 자라야 하네."

"한 마리의 사자가 사냥하기 위해서는 하루에 스무 번씩 사력을 다해 다른 짐승을 쫓아다녀야만 한다네. 허나 스무 번 중에 겨우 한 번꼴로 사냥에 성공할 뿐 다른 때는 항시 허기가 져 있지. 백수의 왕이라는 게 알고 보면 별것도 아닐세. 아직 내 배도 허기져 있는데 새끼까지 한 마리 딸리게 되면 얼마나 불편하겠는가."

"우선 곡차로 목이나 축이면서 이야기하세."

"이런 심산유곡에 술이 어디 있단 말인가."

"나도 냄새를 맡고 알았네. 뒤주 속에 술단지가 하나 들어 있는데 국화주일세. 술이 잘 익었구만. 어서 꺼내오게."

"자네는 지금까지 깨달음이란 결국 코가 밝아지는 현상이라고 생각하면서 부처님 뒤를 쫓아다닌 모양이로구만."

"그렇다면 모든 개들은 다 깨달음을 얻었단 말인가."

"깨달음을 얻지는 않았어도 불성은 가지고 있는 법일세."

―이외수의 장편소설 『벽오금학도』 중에서


"나 코수술 하면 어떨까."

조류독감 파동이 진정국면을 보이기 시작하면서 제영이가 코수술에 대해 지대한 관심을 표명하기 시작했다.

"너 축농증 있었니?"

"축농증 같은 소리 하구 있네."

"그럼 왜 코수술을 하겠다는 거야."

"오똑하게 높이고 싶다는 거지."

"한동안 명품병으로 지랄을 떨더니 이제는 또 성형병으로 지랄을 떨 거니?"

"지랄?"

"멀쩡한 코를 수술하겠다니 지랄도 보통 지랄이 아니지."

"말 다했어?"

"아직 다 못했어."

찬수녀석은 명품에 대한 관심을 표명할 때도 그랬지만 코수술에 대한 관심을 표명할 때도 곤혹스러운 표정이었다. 그러나 제영이는 한번 의사를 피력하면 반드시 관철되어야만 직성이 풀리는 여자였다. 하루에도 몇 번씩 코수술을 들먹거렸다. 자연히 찬수녀석과의 말다툼이 잦아지고 있었다. 제영이는 가급적이면 신분에 맞지 않는 욕구를 창안해서 찬수녀석을 볶아대는 일에 발군의 기량을 발휘했다. 마치 그것이 삶의 궁극적 목표라고 생각하는 여자 같았다. 명품만 해도 그랬다. 그녀가 닭갈비집 한 달 매출을 상회하는 명품을 사 달라고 이불을 뒤집어 쓰고 시위를 벌일 때는 두개골 속에 뇌가 들어 있는지 한번 절개해 보고 싶은 충동이 치밀어 오를 지경이었다.

"형은 어떻게 생각해?"

"뭘?"

"제영이 코수술 말이야."

"코수술 끝나면 턱수술, 턱수술 끝나면 지방흡입, 지방흡입 끝나면 유방확대. 기분에 따라서는 성전환수술 하겠다고 떼를 쓸지도 모르지. 감당할 자신 있냐?"

"자신 없어."

"제영이라면 이목구비, 사대육신, 오장육부, 다 갈아치워도 만족하지 않을 거야."

"어떻게 해야 하지?"

"니가 같은 방에서 한 이불 덮고 사는 한 무슨 대책이 있겠냐."

"미치겠네."

찬수녀석은 막내였다. 부모님이 돌아가시고 특히 외로움을 많이 타는 기색을 보였다. 여자를 사귀어 본 적이 한 번도 없었다. 제영이가 처음이었다. 그러나 찬수녀석도 이제는 지쳐가고 있는 것 같았다. 나도 한 집에 사는 처지라 무심할 수는 없었다. 하지만 제영이는 어떤 충언도 귀담아 듣는 성품이 아니었다. 언제나 자기 주장만 뚜렷했다.

"이뻐지고 싶어 하는 건 모든 여자의 공통된 본능이야."

"얼굴만 이쁘면 뭘 하나. 마음도 이뻐야지."

"그래, 나는 마음이 이쁘지 않으니까 얼굴이라도 이뻐지려고 한다. 그게 잘못이니?"

"얼굴이 이뻐지는 데는 돈이 많이 들지만 마음이 이뻐지는 데는 돈이 별로 들지 않는다는 거지. 돈이 많이 드는 쪽은 나중에 선택하고 돈이 별로 들지 않는 쪽을 먼저 선택하는 게 현명한 처사 아니냐?"

"알았어. 이 나쁜 놈아. 결국은 나 같은 년한테 돈 쓰기가 아깝다 이거지. 그동안 돈 한푼 안 받고 뼈빠지게 시다노릇 해준 대가가 고작 이거니?"

"물론 정식으로 급여는 지불해 주지 않았지만 솔직히 말해서 돈은 이 집에서 니가 제일 많이 썼잖아."

"쪼잔한 자식. 그게 왜 내 탓이야 세상 탓이지. 세상을 한번 둘러보라구. 어떤 물건이라도 여자들이 사용하는 물건은 남자들이 사용하는 물건보다 훨씬 비싼 편이야. 그리고 너는 날보고 세상 물정을 모른다고 하지만 그건 내가 너한테 해주고 싶은 소리야. 요즘 여대생들 오십 퍼센트 이상이 성형한 얼굴이야. 나한테 쪼잔한 자식 소리 듣고 싶지 않으면 제발 세상 흐름 좀 읽고 살아."

"니가 아무리 개나발을 불어도 허영은 패가망신의 지름길이야. 코수술 안 해서 호흡곤란이라도 느낀다면 또 모를까. 왜 힘들여 번 돈으로 멀쩡한 코를 수술하겠다는 거야. 나는 무조건 결사반대야."

"야. 이찬수. 전세계를 통틀어 대적할 놈이 없을 정도로 쪼잔한 짜식아. 더럽고 치사해서 앞으로 니 돈 안 쓴다. 내가 무슨 수를 써서라도 코수술 하고야 말 테니까 두고 봐라."

제영이는 일손을 놓고 수시로 닭갈비를 먹는 일에 주력하기 시작했다. 조류 독감에 감염되어 20억을 타게 되면 성형으로 얼굴 전체를 뜯어고치겠다는 포부였다. 잠깐 합석해도 괜찮을까요. 그녀는 일부러 일손이 바쁠 때를 골라 단골손님 자리에 합석을 하고 술시중을 드는 척하면서 닭갈비를 먹어대는 전법을 쓰고 있었다. 한편으로는 코수술을 반대하는 찬수녀석의 염장을 지르면서 다른 한편으로는 조류독감에 걸릴 기회를 만들어보겠다는 양동작전이었다.

—이외수의 장편소설 『장외인간』 중에서

## 자기만의 목소리를 가져라

예술은 개성이 생명이다.

인류사 이래로 개성이 없는 예술가의 이름이 후세에 남겨진 경우는 없다.

자기만의 창법을 가질 수 없으면 가수가 될 수 없고 자기만의 색채를 가질 수 없으면 화가가 될 수 없고 자기만의 문체를 가질 수 없으면 작가가 될 수 없다. 자기만의 창법, 자기만의 색채, 자기만의 문체를 가졌을 때 우리는 흔히 자기 목소리를 가졌다고 표현한다. 가수가 남들이 흉내낼 수 없는 창법으로 노래를 부를 수 있을 때 자기 목소리를 가졌다고 표현하고 화가가 자기만의 색채로 그림을 그릴 수 있을 때 자기 목소리를 가졌다고 표현하고 작가가 남들이 흉내낼 수 없는 문체로 소설을 쓸 수 있을 때 자기 목소리를 가졌다고 표현한다.

모창으로 대성하는 가수도 없고 모사로 대성하는 화가도 없으며 모작으로 대성하는 작가도 없다. 대성은 오로지 자기 목소리를 가져야만 가능해진다. 자기 목소리를 가진 가수라면 노래만 들어도 그 가수가 누구인가를 알 수가 있고, 자기 색채를 가진 화가라면 그림만 보아도 그 화가가 누구인가를 알 수가 있으며, 자기 목소리를 가진 작가라면 문체만으로 그 작가가 누구인가를 알 수가 있다.

그렇다면 어떤 사람이 자기 목소리를 가질 수 있을까. 자기 세계를 구축한 사람이 자기 목소리를 가질 수가 있다. 아직도 자기 목소리가 없는 작가는 자기 세계가 구축되지 않은 작가다. 어디서 작가라는 칭호를 얻게 되었는지 몰라도 작가로서는 아직 자격미달이다.

## 자기 세계를 구축하는 지름길

**첫째, 인간을 탈피하라**

그대가 바람이 되거나, 그대가 먼지가 되거나, 그대가 풀꽃이 되거나, 그대가 물새가 되거나, 아니면 그대가 절룩거리면서 황량한 벌판을 서성거리는 개가 되거나, 그대가 바람에 머리를 산발한 채 몸살을 앓는 실삼나무가 되거나, 그대가 고단한 무릎으로 저물녘 사막을 건너가는 낙타가 되면서 살아가도록 하라. 명색이 작가가 되기를 꿈꾸는 자로서, 시종일관 뻔뻔스럽게 인간으로만 살아가는 일이 없도록 하라.

### 둘째, 현실을 탈피하라

그대가 글을 쓰는 순간에는 불가능이 존재하지 않는다. 문학은 과학을 초월한다. 그대는 시공의 제약으로부터 무한히 자유로울 수 있다. 필요에 따라서는 히틀러의 망령을 소설공간으로 초빙해 와서 변명을 늘어놓게 만들 수도 있고 예수님의 실체를 소설공간으로 모셔와 직접적인 가르침을 받을 수도 있다. 절대로 눈치를 볼 필요가 없다. 적어도 그대가 글을 쓰는 순간만은 그대가 바로 절대자다. 그대가 세상을 완전히 개조시키고 각종 법령을 지정해서 공표할 수도 있다. 예를 한번 들어보겠다.

강간장려법(强姦奬勵法). 모든 인간들이 가식과 위선을 버리는 시대가 도래한다. 그러나 정치가들만 가식과 위선을 버리지 못한다. 하나님이 진노해서 정치가들이 한 번씩 가식과 위선을 보일 때마다 사람이 한 명씩 죽어버리는 천벌을 내리신다. 그래도 정치가들은 정신을 못 차리고 가식과 위선을 일삼는다. 결국 세계적으로 인구가 급격히 줄어드는 현상이 초래된다. 설상가상으로 인간들은 육체적인 사랑을 경시하고 정신적인 사랑을 숭배하는 풍조가 만연해서 성행위를 기피하고 텔레파시나 연애편지로 사랑을 나누기를 좋아한다. 결국 강대국들은 몇 번의 정상회담을 거쳐 인류의 멸망을 방지한다는 명분으로 모든 국가에게 텔레파시와 연애편지를 금지시키고 강간장려법을 시행하는 강경책을 수립한다. 어떤 세상이 될까.

화폐제작자율권(貨幣製作自律權). 인간들의 의식 속에는 오로지 돈에 대한 열망만 가득 들어차 있다. 그래서 세계 각국이 누구나 자기가 쓸 돈을 마음대로 제작해서 무제한 쓸 수 있는 권리를 보장하게 된다. 아무 종이에나 천 원이라고 쓰면 천 원으로 통용되고 만 원이라고 쓰면 만 원으로 통용된다. 교통경찰이 교통위반 스티커를 발부하면 위반자가 즉석에서 스티커를 돈으로 만들어 벌금을 지불할 수도 있다. 디자인에 각별히 신경을 쓰는 사람들도 있지만 대개 기존의 지폐를 복사해서 쓰기를 좋아한다. 직장인들은 모두가 사표를 제출하고 집에서 복사기를 돌리는 일에 골몰해 있다. 어떤 세상이 될까.

### 셋째, 지식을 탈피하라

그대가 지식에 머물러 있다는 사실은 무지에 머물러 있다는 사실과 진배없다. 자신이 무엇에 대해 안다고 말하는 것은 곧 모른다고 말하는 것이다. 우주에 존재하는 모든 것들은 무한과 연계되어 있다. 그대가 무엇에 대해 알고 있는 사실은 지극히 작은 부분이거나 순간에 불과하다.

그러나 지식이 쓸모없다거나 하찮다는 뜻이 아니다. 그대가 작가를 지망한다면 지식에 머물러 있어서는 안 된다는 뜻이다. 가급적이면 지식을 발효시켜 깨달음에 접근토록 하라는 것이다.

그대가 대한민국에서 교육과정을 통해 학습한 내용들은 모두 진리가 아니라 현상이다. 진리는 영원불변하는 것이며 우주 어디에 적용시켜도 한 치의 어긋남이 없다. 그러나 현상은 끊임없이 변화하며 시공에 따라 다른 현상으로 나타난다.

인체 중에서는 머리와 가슴 사이가 가장 거리가 멀다는 말이 있다. 여기서 머리는 앎을 대신해서 쓰인 단어고 가슴은 깨달음을 대신해서 쓰인 단어다.

# 점검

## ǀ 장대 끝에서 한 걸음 더 나아가라

　부족한 부분이나 잘못된 부분이 없는가를 세심하게 살펴보라. 적절치 못한 단어나 문장이 있으면 적절한 단어나 문장으로 교체하라. 절대로 대충 넘어가는 법이 없어야 한다. 사건의 순서를 바꾸거나 인물의 성격을 바꾸거나 단락의 순서를 바꾸면 글이 어떻게 달라질까도 생각해 보라. 바꾸는 것이 낫다고 생각되면 당연히 바꾸어주어야 한다. 그것이 작가적 양심이다.

| 산만하지는 않은가

집중력이 떨어진 상태로 글을 쓰면 문장이 산만해진다. 마음이 들떠 있는 상태로 글을 쓰면 문장이 산만해진다. 과욕을 부리면 문장이 산만해진다. 피곤한 상태로 글을 쓰면 문장이 산만해진다. 산만한 부분을 발견하면 당연히 고쳐야 한다. 과욕을 떨쳐버리고 충분한 휴식을 취한 상태에서 마음을 차분하게 가라앉히고 집중력을 유지하면서 고쳐나가라.


| 지루하지는 않은가

구태의연한 표현이나 상투적인 내용들은 독자들을 지루하게 만들 우려가 있다. 독자들에게 재미없는 글을 끝까지 읽어주기를 바라지 말라. 그것은 자신의 문자고문을 끝까지 참아달라는 요구와 동일하다.

자신도 충분히 소화하지 못한 철학이나 지식을 독자들에게 전달하려는 어리석음을 범하지 말라. 특히 지적 허영이 지나치면 현학적인 전문용어나 관념어들을 남발하기 십상이다. 어떤 철학이나 지식을 충분히 소화하지 못한 상태라면 그것을 소재로 글을 쓰겠다는 생각을 버려야 한다.

글을 못 쓰는 것은 결코 죄악이 아니다. 그러나 글을 못 쓰는 사람이 글을 잘 쓰는 척 행세하는 것은 지탄 받아야 할 죄악이다.

## | 시종일관 긴장감을 유지하고 있는가

용두사미(龍頭蛇尾)라는 말이 있다. 대가리는 용인데 꼬랑지는 뱀이라는 뜻으로, 처음은 좋은데 나중은 신통치 않음을 나타낼 때 쓰는 말이다.

아무리 막강한 체력과 정신력을 가진 사람이라도 혼신을 다해서 작품에 전념하다 보면 막판에는 기력이 쇠잔해진다. 그리고 그 상태가 용두사미로 나타난다.

용두사미를 피하려면 집중력과 긴장감을 고르게 유지시키는 요령이 필요하다. 그리고 요령은 끊임없는 습작을 통해서만 터득된다.


## | 지나치게 이론을 의식하지 않았는가

이론의 틀에 맞추어 글을 쓰는 행위는 액자에 맞추어 그림을 그리는 행위와 흡사하다. 당연히 생동감이나 독창성을 기대할 수가 없다. 창작이 바다 속을 헤엄쳐 다니는 고등어라면 이론은 그 고등어를 잡아서 깡통 속의 통조림으로 제작하는 행위와 진배없다. 고등어의 대가리와 지느러미와 내장들을 제거하고 토막을 친 다음 깡통 속에 집어넣고 가열, 살균하면 통조림이 된다. 자신의 창작물이 통조림과 흡사해지기를 원한다면 이론의 틀에 맞추어 글을 써도 무방하다.

## | 독자를 지나치게 의식하지 않았는가

독자가 없는 작가는 얼마나 외로운가. 독자가 읽어주지 않는 작품은 얼마나 초라한가. 그렇다고는 하더라도 양식 있는 작가라면 결코 독자들의 비위를 맞추기 위해 글을 쓰지는 않는다. 따라서 진실한 작가일수록 시대적 조류나 동향에 편승하지 않는다. 그리고 독자들의 식성을 따라 글을 쓰지 않는다.

독자들의 식성은 천태만상이다. 그리고 작품의 진정한 가치를 모르는 독자들도 부지기수다. 어떤 독자는 산삼 같은 작품을 도라지만도 못한 작품으로 평가하기도 하고 어떤 독자는 도라지만도 못한 작품을 산삼 같은 작품으로 평가하기도 한다.

청국장 맛이 나는 작품을 읽고 크림스프 맛이 나지 않는다고 비아냥거리는 독자들도 있고 햄버거 맛이 나는 작품을 읽고 해물탕 맛이 나지 않는다고 투덜거리는 독자들도 있다. 그러면서도 자신이 상당한 안목을 가지고 있다는 착각 속에 빠져 있는 독자들도 부지기수다.

물론 작가는 독자를 무시해서도 안 되고 독자를 신봉해서도 안 된다. 오로지 장인정신과 작가정신만으로 독창적인 문학의 길을 개척해야 한다. 그래서 진실한 작가는 독자가 많다고 하더라도 고독할 수밖에 없는 존재다.

# 4부
# 명상의 장(場)

사색의 출발
이외수의 문장백신

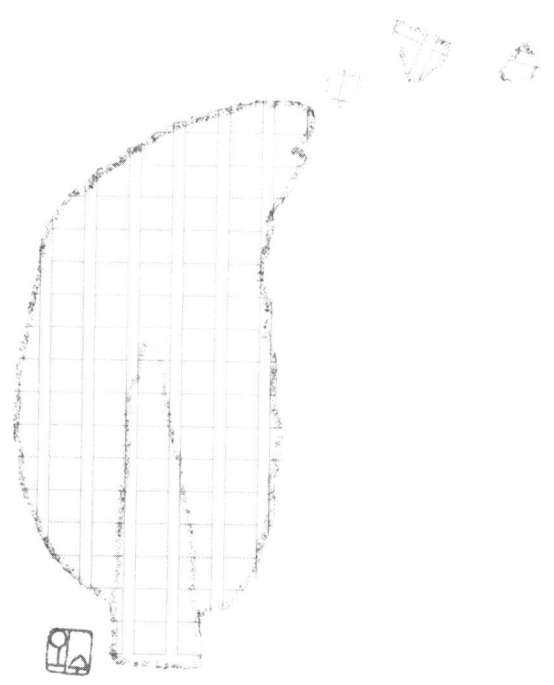

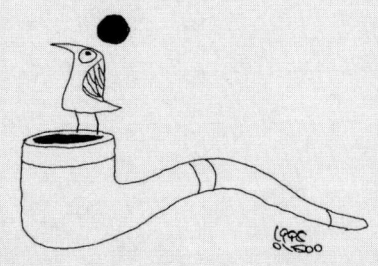

"사색하라. 사색은 명상의 출발이다.
마음을 자연스럽게 안으로 몰입시켜
고요한 상태에 이르게 하고 어떤 대상과 자신을
합일시키는 경지로 들어가라."

## 사색의 출발

　외부의 간섭이나 방해를 받지 않는 장소를 선택해서 최대한 몸과 마음을 편하게 이완시키고 어떤 대상에 대해 깊이 생각해 보라.
　지금 그대가 파리에 대해 사색을 시작했다고 가정하자. 그대와 파리는 같은 점과 다른 점은 무엇인가. 파리의 겉에서만 그것을 찾지 말고 파리의 속에서까지 그것을 찾아보라. 파리의 부분과 순간만을 생각하지 말고 파리의 전체와 영원까지를 생각하라. 그러다 보면 자신은 사라져버리고 파리만 남아 있는 상태를 깨닫게 될 것이다. 그러나 마침내 파리조차 사라져버리고 오직 고요함만 남아 있을 때까지 꾸준히 명상을 계속하라.

# 잡념

 사색을 할 때나 명상을 할 때 잡념이 끼어들면 이놈 때문에 마음이 번거로워지는 경우가 있다. 하지만 이놈을 처죽이려고 애쓰지 말라. 그대는 지금 도통군자가 되기 위해 사색을 하거나 명상을 하는 것이 아니다. 그대는 지금 좋은 글을 쓰기 위해 기초적인 수행을 하고 있는 것이다.
 때로 깊은 명상에 들게 되면 어떤 초자연적인 현상을 경험하는 경우도 있을 것이다. 그러나 기고만장하지 말라. 결코 대단한 것이 아니다. 배를 타고 강을 건너면 물결이 생기는 것은 당연지사다. 물결에 취해 배가 어디로 떠내려가는지 몰라서야 되겠는가. 오직 고요하여 그대도 없고 물결도 없는 상태를 유지하라.

##  세상에서 가장 높은 산이 되기를 소망하지 말라

　세상에서 가장 높은 산을 마음속에 떠올려보라. 그리고 그대가 세상에서 가장 높은 산이라고 가정해 보라.
　세상에서 가장 높은 산에는 어떤 생명체들이 살고 있는가. 그것은 일견 근엄해 보이기는 하지만 자비롭지는 않다. 높을수록 기후도 불안정해서 끊임없이 거센 바람이 넘나들거나 눈보라가 휘몰아친다. 그래서 풀 한 포기도 자라지 않는다. 풀 한 포기도 자라지 않는 산은 사실상 산으로서의 기능을 상실해 버린 산이다. 그것은 한낱 거대한 바위 덩어리에 불과하다.
　세상에서 가장 높은 산이라고 무작정 부러워할 일이 아니다.
　산이 진실로 아름다운 산으로 존재하려면 거대한 바위 덩어리로는 어림도 없다. 수많은 세월을 거치고 수많은 풍상을 겪어야 한다. 견고한 바위 덩어리로서의 실체와 속성을 버리고 수만 년 동안 갈라지고 바스라져서 부드러운 흙의 실체와 속성을 얻어야만 한다. 그래야만 비로소 수많은 생명체들을 키울 수 있다.

나이는 결코 숫자에 불과한 것이 아니다. 나이는 아픔을 발효시키고 지혜를 숙성시킨다. 산도 나이를 먹어야 생명체들과 조화하는 성정을 가지게 된다.

산이 생명체들을 키우기 위해 헐었던 살과 뼈들은 모두 흙이 되어 낮은 곳으로 흘러간다. 낮은 곳으로 흘러가서 평지를 만든다. 평지는 산의 정신이 발효된 생명의 안식처다. 거기에는 다양한 동식물들이 편안한 상태로 생육할 수 있는 조건들이 갖추어져 있다. 죽은 자가 편히 누울 명당자리는 산에 있지만 산 자가 편히 누울 명당 자리는 평지에 있다.

그대는 세상에서 가장 높은 산이 되기를 소망하지 말고 세상에서 가장 편안한 평지가 되기를 소망하라. 한 글자 한 문장이 그대가 허무는 살과 뼈가 되기를 소망하라. 그대가 허무는 살과 뼈들 속에서 수많은 생명과 영혼들이 무성하게 자라오르기를 소망하라.

## 그대는 우주의 중심

그대는 인간이다.

때로는 인간이라는 말이 자연이라는 말과 상반되는 개념으로 쓰여지기도 한다. 그러나 인간도 자연의 일부다.

우리는 이분법적인 시선으로 자연을 바라보는 일에 익숙해 있다. 하늘과 자신이 분리되어 있고 강물과 자신이 분리되어 있다고 생각한다.

그러나 그것들을 바라보면서 음미해 보라. 본디 자연과 그대는 하나다. 하나이기 때문에 소통이 가능하다. 그대가 들판을 바라보는 순간 들판도 그대를 바라본다. 그대가 구름을 바라보는 순간 구름도 그대를 바라본다. 어떤 각도에서 바라보아도 마찬가지다. 그대가 우주의 중심이기 때문이다.

우주의 중심에서 쓰여지는 글들은 조화로울 수밖에 없고 조화로울 수밖에 없는 글들은 아름다울 수밖에 없다. 좋은 글을 쓰려면 예술의 본성도 아름다움에 있고 우주의 본성도 아름다움에 있음을 명심해야 한다.

##  그대는 지금 어디서 놀고 있나

 향 싼 종이에서는 향내가 나고 똥 싼 종이에서는 똥내가 난다는 말이 있다. 가히 법문(法門)이다. 자신이 어떤 것들을 가까이 하느냐에 따라 인품도 달라진다는 뜻을 담고 있다. 시쳇말로 하자면 노는 물이 좋아야 한다는 뜻이다.

 그대가 노는 물에 따라서 그대의 글도 달라진다. 그대가 좋은 글을 쓰고 싶다면 날마다 개떡 같은 생각이나 하면서 개떡 같은 언행을 일삼는 사람들을 가까이 하지 말라. 그러면 그대의 글도 개떡 같아질 것이다.

 인연에는 악연이 있고 호연이 있다. 글을 쓰는 자에게는 글을 방해하는 인연이 악연이고 글에 도움을 주는 인연이 호연이다. 그대가 어떤 인연을 만나든 상관하지 않고 향내가 나는 글을 쓸 수만 있다면 적어도 그대에게는 악연이 없다. 하지만 그러한 경지를 획득하지 않았다면 가급적이면 좋은 물을 찾아다니는 습관을 기르도록 하라.

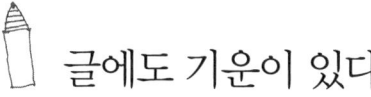 글에도 기운이 있다

언어는 저마다의 기운을 간직하고 있다.

똑같은 쌀밥이 담긴 두 개의 도시락에 한쪽은 사랑이 담긴 말을 써붙이고 다른 한쪽은 증오가 담긴 말을 써붙이면, 증오가 담긴 말을 써붙인 도시락의 쌀밥이 현저하게 빨리 부패된다. 쌀밥은 무생물이다. 그러니까 언어는 감각기관이 없는 무생물에게까지도 어떤 기운을 전달해서 지대한 영향력을 미치는 것이다. 감각기관이 없는 무생물에게 미치는 영향도 그러하거늘 감각기관을 가진 인간에게는 어떤 영향력을 미칠까를 생각해 보라. 증오가 담긴 말을 듣게 되면 당연히 마음이 상할 수밖에 없고, 그것은 어떠한 형태로든 생활에 좋지 않은 영향을 미치게 된다.

우리의 선조들은 기감(氣感)이 매우 발달해서 언어의 그러한 특성을 잘 알고 있었다. 그래서 가급적이면 된소리인 경음(硬音)이나 거센소리인 격음(激音)을 쓰지 않았다. 임진왜란 이전까지 격음이 들어간 '칼'은 '갈'로 쓰여졌고 경음이 들어간 '싸우다'는 '사호다'로 쓰여졌다. 그러나 임진왜란이 '갈'을 '칼'로 발음하게 만들었고 '사호다'를 '싸우다'로 발음하게 만들었다. 전쟁은 그렇다. 모든 것을 척박하고 살벌하게 만든다.

우연의 일치일까. 폭탄, 총, 철퇴, 칼, 창, 대포, 표창, 채찍. 대부분의 공격무기들 이름에는 격음이나 경음이 들어간다. 그것들이 대부분 한자로 이루어진 이름들인데도 불구하고 그런 음운현상을 나타내 보인다는 사실이 오히려 예사롭지 않게 여겨진다. 어쩌면 전세계가 파괴적이고 공격적인 성향과 연계해서 경음이나 격음들과 밀접한 친분관계를 맺고 있는지도 모른다. 전쟁이 빈번한 나라나 역사적 고난을 많이 겪은 나라일수록 크, 트, 프, 츠 등의 발음이나 까, 따, 빠, 싸 등의 발음을 많이 표출한다는 사실에 이르러서는 우연의 일치로 보기가 힘들어진다.

언어는 세태를 즉각적으로 반영하는 특질도 간직하고 있다. 군부독재시절에 출현한 어린이들의 기호식품들을 한번 눈여겨 살펴보자. 새우깡, 깐도리, 뽀빠이, 쭈쭈바, 꿀꽈배기, 짱구, 빵빠레, 라면땅, 칸쵸, 꼬깔콘, 빠다코코낫, 초코파이, 사또밥. 경음과 격음들이 압도적인 주류를 이루고 있다. 잔혹한 정치, 암울한 세태, 불안한 미래. 그것들에 대한 욕구불만이 비교적 정치와는 거리가 먼 어린이들의 기호식품에 전이된 것은 아닐까.

오늘날은 어떤가. 오래도록 전국민이 짜장면으로 발음하고 표기했던 중국음식을 특별한 해명도 없이 자장면으로 바꾸기는 했지만, 여전히 경음과 격음은 도처에서 기세를 떨치고 있다. 얼짱, 딸녀 같은 신조어가 생겼는가 하면 떱때끼, 좆까네 같은 신욕설도 생겼다. 그리고 대부분의 욕설들 역시 경음이나 격음이 뼈대가 된다.

선조들은 경음을 회피해서 개새끼를 강아지로 부르고 소새끼를 송아지로 불렀다. 그러나 지금 후손들은 개새끼 소새끼도 부족해서 떱때끼나 좆까네 등의 신욕설까지 만들어 닥치는 대로 남발한다. 임진왜란을 겪고 '사호다'가 '싸우다'로 변했다면 언제 무슨 전쟁을 겪었기에 '강아지'가 '개새끼'로 변했을까. 그리고 '떱때끼'나 '좆까네'는 또 어떤 전쟁의 부산물일까. 어쩌면 우리가 겪었던 모든 정치적 불안정이 전쟁과 버금가는 정서적 황폐화를 초래한 것은 아닐까.

욕을 많이 얻어먹는 사람은 오래 산다는 속담이 있다. 분명히 악인이 만들어낸 속담이다. 욕에는 증오가 담겨 있다. 증오가 담겨 있는 언어는 음식물도 빨리 부패시킨다. 그런데 욕을 많이 얻어먹는 사람이 어찌 오래 살 수가 있겠는가.

그러나 한국의 정치꾼들은 예외다. 한국의 정치꾼들은 욕에 대해서만은 엄청난 내성을 간직하고 있다. 지금까지 수없이 많은 사람들에게 수없이 많은 욕을 얻어먹고도 굳건한 모습으로 살아가는 한국의 정치꾼들이 그 사실을 여실히 입증해 주고 있다. 그러니 이제는 정치꾼들을 욕하지 말자. 어차피 정치꾼들은 세상을 아름답게 만들어줄 능력이 없다. 사리사욕에 눈이 멀지 않아도 봄이 되면 돌담 아래 개나리꽃은 눈부시고, 부정부패에 발을 담그지 않아도 봄이 되면 얼음 풀린 강물은 노래하나니. 저들이 어찌 그 꽃을 바로 보기를 기대할 것이며 저들이 어찌 그 노래를 바로 듣기를 기대할 수 있으랴.

—이외수의 산문집 『바보바보』 중에서

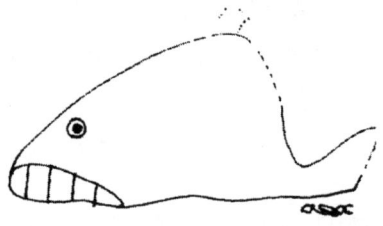

# 이외수의 문장백신

**증세**

완성된 글을 읽어보니 도처에 어색한 표현들이 눈에 뜨인다.

**처방**

글에도 기혈의 순환이 있다. 기혈의 순환이 순조롭지 않으면 글도 중병에 걸려서 생명을 잃게 된다. 욕심과 가식과 허영은 기혈의 순환을 방해한다. 진실에 입각해서 글을 쓰는 습관을 기르지 않으면 완치되지 않는다.

**증세**

아무리 보아도 문장이 어색하다.

**처방**

한 문장 안에 두 가지 이상의 수식어를 쓰지 않았는가. 섣불리 수사법을 남발하지 않았는가. 그렇다면 수식어를 제하거나 수사법을 제거해 보라. 특히 수사법을 쓸 때는 적절한 단어에 적절한 속성을 부합시켰는가를 확인해 보라.

**증세**

위의 방법을 다 써보아도 여전히 문장이 어색하다.

**처방**

과감하게 전문장을 삭제해 버려라.

**증세**

문장이 어느 한 부분에서 중단된 채 진전되지 않는다.

**처방**

거기서 지문을 중단하고 내용을 연결시키는 대사를 삽입해 보라. 또는 거기서 한 단락을 끝내고 다음 단락으로 넘어가라.

**증세**

글만 쓰면 급격히 피로감이 엄습한다.

**처방**

휴식과 명상을 취한 다음 재도전하라.

**증세**

아무리 생각해 보아도 글이 무미건조하다.

**처방**

열심히 사랑을 하고 열심히 연애편지를 써라.

## 마지막으로 던지는 질문 하나

그대에게 마지막으로 질문 하나를 던지겠다.
만약 이 세상에 종말이 온다면 그대는 무엇을 하겠는가.

제발 사과나무를 심겠다는 대답은 하지 말았으면 좋겠다. 사과나무는 지금으로부터 약 390여 년 전에 이미 스피노자가 심어놓고 죽었다. 스피노자는 죽었지만 스피노자가 심어놓은 사과나무는 아직도 사람들의 가슴 속에 살아 있다.

나는 이 글을 마지막으로 30여 년 동안 내 문학의 산실이었던 춘천을 떠나 화천군 상서면 다목리 감성마을로 들어갈 것이다. 그대가 문학에 대해서 진지하게 대화를 나누고 싶다면 나는 언제라도 가슴을 열어놓고 기다리겠다.

그러나 대답을 준비하라.
만약 이 세상에 종말이 온다면 그대는 무엇을 하겠는가.

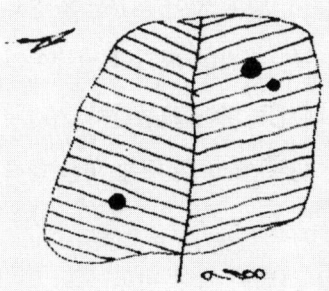

체험의 글

# 나는 당신이다
—『글쓰기의 공중부양』을 소개하며

    나는 깃발이다. 나는 달팽이다. 나는 사막이다. 수년 전, 나는 골방 구석에 놓여 있는 내 작은 나무책상 앞에 붙어 앉아 하루종일 끙끙거리고 있었다. 나는 그믐밤이다. 나는 새우깡이다. 나는 밥이다. 이런 식의 문장들을 첫 줄로 삼아 어떤 식으로든 나는 노트 한 장 분량의 글감을 만들어 내야 했다. 내 몸뚱어리는 골방 구석, 작은 나무책상 앞에 앉아 식은땀을 흘리며 끙끙거리고 있는데 어떤 식으로든 나는 깃발이 되거나 달팽이가 되거나 사막이 되어야 했다. 어떻게 해서든 나는 그믐밤이 되거나 새우깡이 되거나 밥이 되어야 했다. 그것은 스승이 내게 내린 습작 과제였기 때문이었다.

    그런데 막상 하고 보니 그 작업은 시쳇말로 졸라 어렵고 힘들었다. 막말로 왜 내가, 내가 아닌 다른 그 무엇인가가 되어야 한다는 말인가. 의구심이 하루에도 수십번씩 솟구쳐 올랐다. 하지만 어쨌든 나는 과제를 놓고 싶지 않았다. 어렵고 힘들기 때문에 한번 해보고 싶었다. 딱딱하기 그지 없는 내 의식은 어떤 한계의 벽에 맞닥뜨릴 때면 그것을 넘어서려들기보다 뒤로 주춤 물러나려 들었다. 겨우, 깨지고 부서질까봐 였다. 그것이 겁나서였다. 겨우, 그것뿐이었다. 어떤 한계를 통과하는 데에는 다른 기술이 필요치 않다. 약간의 용기만 가지면 된다.

    내가 깃발이 되어 펄럭거리며 바람의 온도를 느꼈을 때, 내가 달팽이가 되어 모래 위를 기어다닐 때 피부에 말려들던 모래알의 감촉들, 내가 사막이 되어 바람에게 등을 내어줄 때 맛보았던 고요함, 내 의식은 팽창하고 부풀기 시작했다. 내가 그믐밤이 되어 홀로 켜진 가로등의 이마를 훔쳐보았을 때, 내가 새우깡이 되어 누군가의 컴컴한 목구멍 속으로 들어가야만 했을 때 울며 부르던 바다, 내가 밥이 되어 저 먼 하늘에 떠있는 한 알의 별에게 소망을 쏘아 올렸을 때, 내 의식은 팽창하고 부풀어 오르다 마침내 펑, 하고 터져버렸다. 의식은 유연한 몸을 가지고서 그 넓은 감성과 감각의 바다를 마음껏 유영해 나가기 시작했다. 감성의 바다는 풍부했고 감각의 바다는 다양했다. 내가, 내가 아닌 다른 것이 되는 일. 내가 아닌 것들의 가슴에 내 가슴을 맞대어보고, 비벼보고, 섞이며 끝내 내가 얻는 것은 겨우 하나였다. 너와 나, 그것과 저것, 우리 모두, 그래서 세상 만물의 주소는 오로지 하나라는 것. 가슴이라는 것. 그곳은 손바닥하나로도 가릴 수 있을 만큼 그리 넓지 않은 곳이다. 그러나 그곳에서 그 거대한 모든 진실이 시작된다. 내가 무엇이 되는 일, 나는 당신이다. 이 은유의 비법은 겨우, 글쓰기 공중부양의 한 단락에 해당하는 과정일 뿐이다.

   어려워 보이나. 그렇지 않다. 몸소 실천해 보면 엄청나게 신나고 재미있는 작업이다. 펜과 노트만 있으면 된다. 물론 약간의 용기도 필요하다. 실지로 나는 글쓰기 공중부양에 소개된 습작 과정을 모조리 실천해 보았다. 어렵고 힘들기도 하지만 신나고 재미나기도 하다. 그것을 실천하는 과정 중에는 글쓰기의 실력이 쥐뿔도 달라지지 않는 것처럼 여겨지기도 했지만 어느새 나는 주요 일간지 신춘문예 당선작가로 변모해 있었다. 어쩌면 이 책의 모든 것을 실천하는 과정 중에 당신도 어느새 당신이 원하는 그 무언가가 되어 있을 수 있겠다. 시인이 될 수도 있고 소설가가 될 수도 있고 극작가가 될 수도 있겠다. 기자가 될 수도 있고 카피라이터가 될 수도 있고 논술 만점을 받는 합격생이 될 수도 있겠다. 그러나 나는 이 책을 통해 당신이 기술만을 배울 수 있으리라고는 생각지 않는다. 당신의 소망이 몸을 만드는 일. 당신의 진실이 몸을 만드는 일. 당신의 생각이 몸을 만드는 일을 배울 수 있으리라 생각한다. 그러나 나는 그 모든 것보다 우선해서, 삼십 년 동안 글쓰는 일만을 업으로 삼아온 한 늙은 작가의 진실이 당신이 간직한 진실과 다르지 않다는 사실을 이 책을 통해서 발견할 수 있기를 진심으로 바란다.

―기노(奇櫓)

**글쓰기의 공중부양**

초판 1쇄 2006년 3월 1일
개정판 1쇄 2007년 12월 15일
개정판 31쇄 2017년 11월 30일

**지은이** | 이외수
**펴낸이** | 송영석

**펴낸곳** | (株)해냄출판사
**등록번호** | 제10-229호
**등록일자** | 1988년 5월 11일(설립일자 | 1983년 6월 24일)

04042 서울시 마포구 잔다리로 30 해냄빌딩 5·6층
**대표전화** | 326-1600 **팩스** | 326-1624
**홈페이지** | www.hainaim.com

ISBN 978-89-7337-893-7

파본은 본사나 구입하신 서점에서 교환하여 드립니다.